O Amor cura

Título original: *Love Will Lead Us Home*

O amor cura
1ª edição: Abril 2024

Autor:
Rick Nichols

Tradução:
Caio Pereira

Preparação de texto:
Flavia Araujo

Revisão:
3GB Consulting
Lays Sabonaro

Projeto gráfico:
Jéssica Wendy

Capa:
Dimitry Uziel

DADOS INTERNACIONAIS DE CATALOGAÇÃO NA PUBLICAÇÃO (CIP)

Nichols, Rick
O amor cura : histórias inspiracionais para a cura pessoal e do mundo / Rick Nichols ; tradução de Caio Pereira. — Porto Alegre : Citadel, 2024.
208 p.

ISBN 978-65-5047-440-9
Título original: Love Will Lead Us Home

1. Autoajuda 2. Desenvolvimento pessoal 3. Felicidade 4. Espiritualidade I. Título II. Pereira, Caio

24-1279 CDD 158.1

Angélica Ilacqua - Bibliotecária - CRB-8/7057

Produção editorial e distribuição:

CITADEL Grupo Editorial

contato@citadel.com.br
www.citadel.com.br

Rick Nichols

O MAIOR ESPECIALISTA E LÍDER GLOBAL EM TREINAMENTOS DO MÉTODO LOUISE HAY

O Amor cura

Histórias inspiracionais para a cura pessoal e do mundo

Tradução:
Caio Pereira

CITADEL
Grupo Editorial
2024

"*O amor cura* é um livro transformador que toca direto no coração. Graças à sábia orientação de Rick Nichols, você embarcará em uma verdadeira aventura de descoberta. As histórias, os ensinamentos e as anedotas deste livro guiarão você por uma jornada única e transformadora rumo ao centro do seu verdadeiro eu."

Lucia Giovannini

COACH DE TRANSFORMAÇÃO, PALESTRANTE, AUTORA DO BEST-SELLER *A WHOLE NEW LIFE* – LUCIAGIOVANNINI.COM

"Um guia essencial para quem deseja viver em um mundo melhor. Um mundo no qual os sonhos se tornam realidade e a coragem para amar é um ingrediente essencial. Leia este livro e viva sua melhor vida, cheia de amor."

Doyle Ward

COACH DE TRANSFORMAÇÃO DE VIDA – BLISSFULQUESTS.COM

"*O amor cura* é um livro adorável que consiste em uma exploração profunda da vida. É o companheiro perfeito para quem está disposto a explorar de peito e mente abertos. Prepare-se para momentos de descoberta transformadores a cada curva da estrada que o levará de volta para si mesmo."

Sneha Shah

DIRETORA DO ISRA – CENTRO DE TREINAMENTO E DESENVOLVIMENTO – ISRA.CO.IN

"Cada palavra deste livro é pura e profunda; cada passagem, uma revelação e uma cura. Convido você a deixar que este livro seja seu maior tesouro, como será o meu – eu me vejo compartilhando desta sabedoria com meus netos. Obrigado a Rick Nichols por ser um mentor compassivo, um contador de histórias brilhante, um amigo e um guia. Estou em casa."

Lakhvinder Babbu Gill

PROFESSOR CERTIFICADO DE AMOR, COACH DE VIDA E FUNDADOR DO HEALING SHELTER, LUDHIANA, PUNJAB, ÍNDIA – THEHEALINGSHELTER.COM

"Com sabedoria única, Rick Nichols nos leva em uma jornada fascinante até o fundo de nosso interior. Revelando significados escondidos descobertos em histórias e parábolas famosas, ele abre nossos olhos para enxergarmos por detrás das cenas de nossas histórias pessoais, nossos medos, angústias, dúvidas e anseios por uma experiência de vida mais fascinante.

Se algum dia você já se perguntou quem você é, se tem um propósito ou se questionou como encontrar seu caminho em meio ao caos diário, este livro é um grande tesouro que certamente o guiará para as respostas que já existem em seu interior.

A habilidade de Rick de decifrar mensagens profundas nas entrelinhas das histórias, antigas e novas, faz deste livro algo surpreendente, prazeroso e reflexivo – com ele você não verá o tempo passar."

RENATA SALLES FORNARI

COACH DE VIDA E TRANSFORMAÇÃO CERTIFICADA, SÃO PAULO, BRASIL

"Para quem está na estrada em busca de se descobrir e se amar, este livro é uma leitura importante.

A jornada de Dorothy e seus amigos para encontrar o Mágico de Oz, recontada pelo Sr. Nichols, junto de trechos de *A jornada do herói*, de Joseph Campbell, traz luz sobre quem realmente somos e quem queremos nos tornar. O que mais poderíamos pedir?"

K. C. CRAIG

"O amor é inteligência, o amor é sabedoria e o amor cura quando fizermos dele nosso propósito e nosso guia. Rick Nichols escreveu um belo livro sobre como viver uma vida realmente centrada no amor, que se torna uma bênção para todos nós."

ROBERT HOLDEN
COAUTOR DE *LIFE LOVES YOU*, COM LOUISE HAY

Dedicado a todos os heróis em sua jornada para casa.

SUMÁRIO

AGRADECIMENTOS

À minha esposa, parceira nos negócios, amante e amiga, Patricia Crane. Um simples agradecimento não tem como expressar a imensa gratidão que tenho por tudo que você significa para mim. As sementes deste livro foram plantadas mais de vinte anos atrás, quando você me deu de presente um conjunto de bonecos dos personagens de *O Mágico de Oz*, por causa do meu amor pela história. Você nutriu essas sementes com tanto amor e cuidado ao longo dos anos, com seu infinito apoio e incentivo dados ao meu trabalho com essa história. Os frutos das quase 50 mil palavras nas páginas seguintes foram produzidos a partir dessas sementes e suas muitas bênçãos. Oro para que esta colheita faça uma viagem longa para nutrir o coração e a mente dos muitos peregrinos que labutam em seu caminho rumo ao amor. Obrigado por arranjar um segundo emprego para me proporcionar o tempo e a energia necessários para criar este livro, por sua paciência e por compreender os altos e baixos emocionais deste processo. Obrigado por sempre oferecer um sorriso gentil, a luz de uma frase perfeita para me guiar nos momentos difíceis, e pelos abraços de comemoração nas horas de alegria. Obrigado pela luz e pelo amor que você partilha comigo, como faz com o mundo todo. Este planeta é um lugar melhor porque tem você. Eu amo você.

A Jane Matthews, minha brilhante editora e coach de redação. Existem coisas neste vasto universo que até mesmo os grandes poetas não conseguem pôr em palavras, e a parceria que fiz com você nesta criação é uma delas. Este livro simplesmente não existiria sem seu encorajamento gentil e sua orientação. Toda vez que eu lhe disse que não estava equipado o bastante para escrever um livro, você respondeu algo como: "Está bem, claro, então que tal só mais uma linha, mais um parágrafo, mais um capítulo", e assim este livro foi concebido. O site WordHipo sugere 137 maneiras de dizer "obrigado", mas nenhuma delas dá conta do recado aqui. Logo, o que posso dizer? Como alunos e professores da filosofia de Louise Hay, nós dois sabemos como manter tudo simples (quase sempre), então apenas direi obrigado por tudo que você faz. Eu amo você.

Obrigado, Victoria Johnson, pela graciosa oferta de revisar o rascunho final, para garantir um manuscrito limpo. Sua assistência e seu apoio foram inestimáveis e muito apreciados.

Pela quantidade imensa de inspiração, encorajamento e incentivo que por fim este livro arrancou de mim, serei eternamente grato a muito mais pessoas do que posso mencionar aqui. Em especial, preciso agradecer a cada membro de nossa amada família Heal Your Life, principalmente aqueles a quem ensinei pessoalmente. Aprendi lições de vida significativas com cada um de vocês. Obrigado!

Sou grato aos muitos mentores e modelos de vida que me puxaram, empurraram, arrastaram e guiaram gentilmente ao longo do caminho rumo ao amor. Obrigado a todos, onde quer que estejam!

Obrigado a minha querida Louise Hay, por toda a inspiração e orientação. Com você descobri que preciso primeiro ter coragem para fechar e selar a porta que dá para a minha história de sombras, para então poder abrir a porta que dá para o meu futuro de luz. Seus ensinamentos sempre foram muito descomplicados; "portas fechando, portas abrindo" é a primeira instrução, algo muito simples, que finalmente me colocou na estrada de volta para mim mesmo.

Por fim, obrigado ao Espírito que me guiou e me protegeu desde o início da jornada deste herói. Você é um anjo da guarda? Não, você deve ser um vilarejo inteiro de anjos da guarda, pois dizem que é preciso todo um vilarejo para criar uma criança, e isso nunca foi mais verdadeiro do que no meu caso. Você me salvou de um tropeço atrás de outro, e literalmente me tirou das garras da morte em pelo menos três ocasiões. Nem sei como mereço um cuidado angelical desse, mas serei eternamente grato a todos vocês. Posso somente orar para, quando finalmente chegar ao seu vilarejo, ser designado para atender algum humanoide desajeitado como eu, e ser tão útil quanto vocês foram para mim. Abençoado seja.

AGRADECIMENTO ESPECIAL

Dedico um agradecimento especial a L. Frank Baum, pela brilhante criação de *O Mágico de Oz*, sua história mais inspiradora, publicada no ano de 1900. É um item precioso da minha biblioteca há muitos anos.

Obrigado, Noel Langley, Florence Ryerson e Edgar Allen Wolf, pelo tratamento brilhante que deram ao livro de Baum ao criarem o roteiro de *O Mágico de Oz*. Seria displicência não expressar minha gratidão à MGM, ao elenco e à equipe pelo esforço heroico ao darem vida à história com todas as cores de um arco-íris na grande tela.

Inicialmente, a inspiração deste livro foi uma convergência entre a história original e o roteiro do filme. Explorei ambos profundamente e obtive muita clareza sobre quem eu sou. É uma alegria partilhar o que descobri com meus leitores.

Obrigado a todos vocês por inspirarem este livro.

O LABIRINTO

Pelo labirinto,
ela abriu para mim,
espirais de vida bem-vindas,
cada passo marcado
pela pedra do rio,
ao acaso ou talvez não.

Minha jornada, meu pedido;
harmonia, harmonia de
corpo, mente
e espírito.
Com cuidado,
nele eu entrei...

INTRODUÇÃO

"Eu olhei o amor de ambos os lados agora, de ganhar e de perder, e ainda,
de alguma maneira, é das ilusões do amor que me recordo.
Eu realmente não conheço nada do amor."
Joni Mitchell

A estrofe acima, da canção "Both Sides Now", assombrou-me, creio eu, desde a primeira vez que a ouvi. O amor tem sempre que ser uma questão de ganhar ou perder? Existem apenas dois lados nisso? O que é o amor, afinal? Para uma criança que cresceu com família e ambiente disfuncionais, foi difícil, para mim, *encontrar* o amor, sem falar no potencial para perder e ganhar. Por isso, eu achava que o conceito de amor devia ser uma ilusão ou uma miragem. *Parecia* que havia algo reconfortante lá fora, mas eu nunca o conseguia; ele sempre me escapava.

Muitas pessoas, talvez a maioria, têm medo do amor. Parece-me que sempre há restrições; um fator de risco envolvido. Dar uma chance ao amor? Ah, talvez não; tem muita coisa em jogo nisso! Pensar no custo desse medo me faz lembrar de um verso de outra música, "Something Stupid": "E então eu vou lá e estrago tudo dizendo alguma bobagem como 'eu te amo'". Opa! Lá vem ele de novo, hora de dar o fora!

Por causa do compromisso que implicam, expressões de amor podem ser difíceis de se oferecer e um tanto assustadoras de se aceitar. Mas e se existir um amor que seja um oásis abundante, em vez de uma miragem no deserto? Você gostaria de descobrir um amor autêntico, acessível e confiável, algo que sempre acreditará que é verdadeiro porque realmente *é* verdadeiro? Se sim, este é o guia que o levará até ele.

O amor cura é uma jornada – a jornada de um herói a partir daquilo que podemos ver como nossa realidade cotidiana comum até uma realidade que está logo abaixo do conhecido, com segredos impressionantes para revelar a quem estiver disposto a explorar com mente e coração abertos. Como seu guia, levarei você por paisagens que a princípio podem parecer muito familiares, mas, com uma exploração mais profunda, você descobrirá uma nova realidade e um significado que antes talvez tenha sido negligenciado.

O amor cura é considerado um livro de não ficção, mas isso não é totalmente verdade; este livro tem as mesmas medidas de fato e ficção. Em certo sentido, é um livro de receitas, pois oferece a você instruções específicas sobre como converter, sem esforço, fato em ficção e ficção em fato por meio de um processo alquímico que nunca falha. Em parte, o processo envolve examinar histórias – histórias pessoais, mitos culturais, lendas, contos de fada e parábolas.

Existem inúmeras histórias, antigas e novas, espalhadas por todo o mundo, e cada uma delas foi criada por pessoas como você. Se você não acredita que tem histórias, posso lhe garantir que está enganado; você tem muitas, e elas estão espalhadas por quilômetros de estradas, rodovias, tocas de coelho e esconderijos da sua vida, da sua época.

Como seres humanos, todos somos muito parecidos. A maioria de nossas histórias tem enredo similar. Elas sempre terão perdas, ganhos, sucessos, fracassos, sonhos que viram realidade e sonhos que foram se dissipando lentamente. A fundação de todas as nossas histórias sempre inclui amor e medo. No fim das contas, nossas histórias tratam das maneiras pelas quais temos buscado amor e aceitação, entretanto, nossa busca sempre foi nutrida pelo medo do que talvez sejamos sem estes; é um pouco como correr atrás do próprio rabo.

Como podemos pôr um fim a essa eterna cirandinha? Junte-se a mim, e o guiarei nesta grande aventura de descoberta. Descoberta de quê? A descoberta de quem você é, o que você tem, e o melhor jeito de trazer seu eu para o mundo. Que comece a jornada.

Desejando amor e bênçãos,

Rick Nichols

3 DE ABRIL DE 2021 – LAKE ARROWHEAD, CALIFÓRNIA

P.S. Uma última coisa: quero que você saiba o que este livro não é. Embora seja um livro de "autoajuda", não se trata de um livro de "como fazer". Não há exercícios de escrita, listas para fazer ou meditações e visualizações especiais. Projetei este livro para você apreciar, e com ele se divertir, para que possa mergulhar na maravilha de quem você realmente é. Minha intenção é que você permita que sua beleza natural venha gentilmente para a superfície por meio de passagens que serão abertas para você; tudo que precisa fazer é deixar que a transformação ocorra naturalmente. Abençoado seja.

Capítulo I

QUE COMECE A JORNADA!

A caverna na qual você teme entrar contém o tesouro que você busca.

Joseph Campbell

Estamos prestes a começar uma grande caçada ao tesouro, sem sequer um mapa para guiar nosso caminho. Iremos nos valer de pistas, dicas e placas encontradas em histórias, fábulas e mitos de grande sabedoria. Ao longo do caminho, exploraremos cavernas escuras, tocas de coelho e florestas assustadoras. Bruxas, magos e os mais estranhos elfos nos desafiarão. Nossas ferramentas serão uma coleção peculiar de plantas, animais e minerais.

Fui informado de que talvez encontremos o tesouro que procuramos em algum lugar além do arco-íris, na misteriosa Terra de Oz. Mais tarde, vamos nos juntar a Dorothy Gale e Totó, que concordaram em nos guiar ao longo da estrada dourada até uma câmara sagrada subterrânea que nos dará pistas. Primeiro, porém, temos que fazer alguns preparativos básicos para garantir uma jornada segura e retornar para casa. Precisamos aprender quem somos, o que temos, e como usar isso.

Quem sou eu?

Acredito que a pergunta mais antiga e mais feita no universo é "quem sou eu?". Essa pergunta desconcertante e aparentemente impossível de responder parece passar naturalmente para "o que eu sou?". Se a pessoa continua seguindo nessa trilha por um tempo, é bem provável que acabe indo parar em "por que eu sou?"; e desta, para "quem me colocou aqui, e eu tenho um propósito?". O passo seguinte nessa trilha, então, será "se eu tenho um propósito enquanto membro da humanidade, qual será?". E, depois disso, vem a parte que é bem assustadora: "Se o poder que criou o universo me colocou aqui para cumprir algum propósito, eu estou fazendo jus a isso? E, se não, quais serão as consequências?".

Pare agora mesmo! Quando chegamos tão longe assim em nossa exploração, estamos tentando resolver um vasto mistério espiritual. Precisamos reconhecer e entender que os mistérios, principalmente os mistérios espirituais, não são algo para resolver, mas algo para explorar. Filósofos, teósofos, poetas, pânditas, santos, historiadores, mitólogos, estudiosos de contos de fada e muitos outros já tentaram desfazer o grande mistério espiritual. Nenhum deles conseguiu fazer isso de uma maneira que chegue ao resultado desejado: eles apenas fizeram mais perguntas. Por esse motivo, os mais sábios entre eles ficaram satisfeitos com *explorar* o mistério, em vez de resolvê-lo.

Convido você, agora, a pensar nas muitas explorações que fez durante toda a sua vida. Essas jornadas talvez tenham incluído paisagens, relacionamentos, buscas acadêmicas, religião e assim por diante. Imagino que se analisar com mais cuidado essas "explorações", você verá que as experiências mais ricas foram as jornadas em si, as revelações, os *insights* e as descobertas, em vez das tentativas de analisá-los.

A vida é para ser vivida, não para ser analisada; é para ser apreciada, divertida e experienciada – total e completamente. Tentar desvendar um mistério cósmico é uma tarefa de fritar os miolos; deixá-lo como sempre foi e passar por ele graciosamente é pura diversão. Pense nos momentos em que a vida o satisfez por apenas observar uma borboleta voando de flor em flor ou um pássaro planando de asas bem abertas. Esses são apenas dois dos muitos presentes da vida feitos para encher o coração, em vez de confundir a mente.

Uma charada para a mente decifrar

Vamos imaginar, por um momento, que existe um tesouro de valor inestimável dentro de um baú enterrado em algum lugar da sua propriedade, mas você não sabe onde ele está. Você está rico?

Pare por um momento, agora, releia a pergunta e pense nela com cuidado – você está rico ou não? Talvez ajude se fizer uma revisão breve da pergunta. Sua propriedade, na qual existe um tesouro inestimável enterrado. Considerando que você é o dono da propriedade, e que a propriedade contém o tesouro, deve ser verdade que você está rico. Entretanto, ainda existe o fato de que há muitas coisas materiais e não materiais que você gostaria de obter na vida, mas não tem os recursos financeiros para isso – mais uma vez, você está rico ou não?

A questão que estamos ponderando aqui é um dilema, um problema que não tem uma resposta satisfatória. Se respondermos "sim", a pergunta nos leva de volta para o "não"; e se respondermos "não", a pergunta nos leva de volta para o "sim". Como um *koan* – que no budismo zen é um tipo de enigma que não admite solução lógica –, essa pergunta requer reflexão profunda, pois a resposta nunca será clara, na superfície. Existe, no entanto, a solução dentro da pergunta. Portanto, mais uma vez, você está rico ou não?

Do meu ponto de vista, acredito que você está rico. Você é o dono da propriedade, e o tesouro é um traço inseparável da propriedade.

Você ainda não está levando uma vida de riqueza porque ainda não descobriu o tesouro e, portanto, não tem acesso aos benefícios que ele pode lhe oferecer.

Encontrando o maior tesouro de todos

Por favor, permita-me guiá-lo em um pequeno e divertido exercício de calistenia, pensado para fortalecer seus músculos para a caça ao tesouro. Sentado onde está, erga o dedo indicador da sua mão dominante bem alto no ar, como se você estivesse apontando para o céu. Certo, muito bem. Agora, aqui vão as instruções; não deixe de segui-las atentamente. Primeiro, pare e dobre o dedo para baixo, e agora aponte o dedo para a direita ou para a esquerda (se sua mão dominante for a direita, aponte para a esquerda, e vice-versa). Agora volte o dedo para a posição de dobrado para baixo, e agora aponte o dedo para o céu de novo: dedo para cima, dedo para baixo, dedo apontando para a direita ou esquerda, dedo para baixo, dedo para cima. Repita o processo mais duas vezes. Agora, com o dedo estendido para o céu, mova seu braço e sua mão para apontar para si mesmo. Congele aí.

Olhe para onde seu dedo está apontando. Ele está, provavelmente, apontando para o seu peito, talvez até tocando o centro do seu peito. Se não, por favor, fique à vontade para levá-lo até o centro do seu peito agora. Quando fazemos esse exercício num seminário, quase todo mundo aponta diretamente para o peito, ou o que podemos chamar de centro do coração. Quando se referem a si mesmas com um gesto, as pessoas geralmente apontam para a região do peito ou põem a mão no peito. Por quê? Pensamos em nós mesmos como sendo a cabeça, que contém o cérebro, com todas as nossas lembranças, esperanças, sonhos, medos e tudo mais. Quase todos os documentos que tentam nos identificar mostram uma foto do nosso rosto, não do centro do nosso peito.

Então, mais uma vez, o que está acontecendo aqui? Por que tantas pessoas põem a mão no centro do peito quando se referem a si mesmas, principalmente emocionalmente, com sentimento? A resposta rápida é que as pessoas apontam para o tesouro no "baú" enterrado em nossa propriedade. Isso vem com muitos nomes: coração, centro do coração, verdadeiro eu, eu elevado, e assim por diante.

Novamente, estamos tentando desvendar ou chegar a uma compreensão lógica de um mistério espiritual, e já mencionei que essa abordagem raramente dá certo. Seria útil entender melhor de que se trata essa atração energética para o centro do coração. Dessa maneira, é aqui que vamos começar nossa exploração dos mistérios do coração. Talvez as melhores ferramentas para ficarmos confortáveis com os mistérios espirituais sejam aquelas que nos permitem explorá-los de cima, nas asas das histórias, dos poemas, mitos e contos de fada. Esse método tem uma habilidade quase mágica que nos leva de pensar com a mente a sentir com o coração. Convido você, agora, a se juntar a mim numa breve viagem rumo a um tempo muito, muito distante...

Uma lenda da nação de nativos norte-americanos Oglala Sioux

(USO PERMITIDO POR DOMÍNIO PÚBLICO, COM PROFUNDA GRATIDÃO À SABEDORIA DOS *OGLALA SIOUX*)

Por favor, permita-me conduzi-lo num exercício de relaxamento e visualização, digamos assim.

Primeiro, deixe o corpo relaxar e ficar muito confortável, fechando gentilmente os olhos, respirando fundo, soltando devagar. Agora, respire fundo mais uma vez e, de novo, solte lentamente. Em seguida, olhando com a nossa visão interior, perceba que eu nos transportei para muito longe, voltando no tempo, até uma clareira no meio de uma floresta, em uma terra conhecida como Dakota do Sul, nos Estados Unidos.

Silêncio. Escondidos por entre a densa folhagem, estamos espiando um evento que se desenrola, de proporções imensas. Parece que o Grande Criador requisitou uma reunião com todos os animais de sua criação. Ele diz aos animais: "Tem uma coisa que quero esconder dos humanos. Ela deve ficar escondida em algum lugar onde eles não possam encontrá-la enquanto não estiverem prontos para isso. Bem, preciso da sua ajuda; onde devo escondê-la?".

De repente, levamos um susto, quase a ponto de expor nossa presença com uma exclamação, quando uma águia enorme dá um voo rasante, vinda do grande carvalho que fornece o abrigo para esse evento épico. A águia pavoneia-se, orgulhosa e altiva, com as asas bem abertas, mostrando sua impressionante presença e a confiança necessária para executar essa tarefa vital para o Grande Criador.

"Ora, dê a tal coisa para mim!", grita a águia com um guincho alto. "Eu a levarei até a Lua e a esconderei no lado escuro: lá, eles nunca a encontrarão!"

Vendo essa história fantástica se desenrolar, nossas lembranças evocam o dia 20 de julho de 1969, quando o módulo lunar Eagle, da Apollo 11, pousou na superfície irregular da Lua. Por cima do crepitar e estalar da comunicação de rádio distante, ouvimos Neil Armstrong, o comandante, reportar calmamente para um planeta inteiro, que prendia a respiração na expectativa, estas imortais primeiras palavras ditas na superfície da Lua: "Houston, a Eagle pousou"*. Hum, muito interessante.

O Grande Criador passa um bom tempo pensando e então diz: "Não, não, um dia os humanos irão até a Lua, e a encontrarão lá".

* Aqui o autor faz alusão ao ego, dada a pronúncia similar à da palavra *eagle*, "águia" em inglês.

Agora, com arrepios percorrendo nosso corpo todo, é nossa vez de prender a respiração ao pressentirmos uma grande verdade prestes a ser revelada pela sabedoria dessa história. Quietinhos, agora, quase em silêncio completo, continuamos a espiar.

Subitamente, nas águas cintilantes de um riachinho pacato, inicia-se uma agitação incrível quando o mais adorável salmão que você já viu na vida salta da água, berrando: "Oh, oh, dê a tal coisa para mim, dê para mim!". O peixe está tão empolgado com essa oportunidade de servir ao Criador que seu rabinho avermelhado agita-se para a frente e para trás tão rápido que atua como uma asa, sustentando-o e fazendo-o flutuar. As pequenas nadadeiras laterais batem e se agitam freneticamente na tentativa de manter o equilíbrio em pleno ar.

"Ah, sim, sim", ele gorgoleja. "Eu nadarei com ela até o mais profundo mar, e a esconderei ali, num recife de coral! Prometo que eles nunca a encontrarão ali; não, jamais!"

O Grande Criador reflete demoradamente sobre essa oferta por um tempo. O salmão para de agitar as nadadeiras laterais, de tanta empolgação e expectativa, e isso faz com que ele perca o equilíbrio e caia no chão, à margem do riacho, com um estalinho delicado. Felizmente, o tamanduá, que estava sentado ali perto, empurra gentilmente o salmão de volta para a água com seu nariz comprido.

Após refletir por um bom tempo, o Grande Criador diz: "Não, não. Um dia, os humanos irão até o fundo do mar, e a encontrarão ali".

Então o búfalo trota até o centro da clareira e diz: "Dê a coisa para mim; eu a levarei até o centro das grandes planícies e a enterrarei no chão. Posso garantir que eles nunca a encontrarão lá".

O Grande Criador reflete por um momento e diz: "Não, não, um dia, os humanos farão um grande talho na pele da Mãe Terra, e a encontrarão ali".

Em seguida, é a vez de o urso falar. "Dê para mim!", ele ruge, todo altivo e poderoso no meio dos demais. "Eu a levarei até o topo da mais alta montanha e a esconderei numa caverna grande e profunda cheia de morcegos e cobras; mesmo que encontrem a caverna, eles não ousarão entrar."

O Grande Criador reflete um pouco sobre isso e, sacudindo a cabeça, desanimado, diz: "Não, não. Um dia, os humanos cavarão até as montanhas, e a encontrarão ali".

A essa altura, todas as criaturas pareciam não ter mais ideias; um murmurar nervoso emerge em meio ao grupo. Logo, no entanto, um montinho de terra aparece no centro da clareira. Com o crescer desse montinho, notamos algo emergir dele; é a vovó toupeira. Será que a vovó toupeira veio oferecer ao Grande Criador uma solução para o problema?

Todas as criaturas subitamente ficaram imóveis e quietas, voltando sua atenção para a vovó toupeira. O que elas sabem é que, muito embora a vovó toupeira não tenha olhos físicos com os quais ver, ela pode enxergar pelos olhos do coração – pois a vovó toupeira mora no coração da própria Mãe Terra.

E a vovó toupeira sugeriu: "Coloque a coisa dentro deles".

E sem um momento sequer de hesitação, o Grande Criador disse: "Sim, está feito!".

E assim está. Mas o que era essa "coisa" que o Grande Criador guardou a salvo dentro dos humanos? E por que escondê-la por tão longo tempo?

Capítulo 2

O SEGREDO REVELADO

Coloque a coisa dentro deles

Colocar o que dentro de quem? Nossa historinha nos ajuda a entender o maior mistério de todos, a questão de quem eu sou. O Grande Criador foi se encontrar com os animais, em busca de aconselhamento, pois sabia que eles têm sabedoria inata. Por instinto, eles sabem quem são; nunca lhes ocorreria questionar sua existência ou seu propósito. Os animais jamais se perguntariam sobre seu valor neste universo grandioso. Nem teriam o menor pensamento de preconceito (prejulgamento) contra qualquer outro animal, incluindo os humanos, simplesmente porque são maiores ou menores, cobertos de pelo, escamas, penas ou pele, ou porque levam a vida segundo determinado conjunto de princípios. Os únicos seres deste planeta que são capazes de fazer qualquer tipo de julgamento são os seres humanos.

Preste bastante atenção na história e você perceberá que cada um dos animais oferece uma solução para o desafio do Grande Criador com base no que faz naturalmente. A águia voa, então se oferece para levar o "tesouro" até a lua; o salmão nada, então se oferece para levá-lo ao fundo do mar; o búfalo mora nas grandes planícies, então se oferece para levá-lo até lá; o urso se oferece para levá-lo para as montanhas, tão familiares para ele. E, por fim, aquela que tem olhos cegos, a vovó toupeira, traz a resposta do seu coração, com o qual ela consegue ver com clareza a melhor solução: "Coloque a coisa dentro deles". Dentro deles onde? No coração, claro, e quem sabe um dia eles possam fazer como ela faz: enxergar com clareza a partir do coração, e então aprender a viver dentro desse espaço, perdendo a tendência a fazer julgamentos com base na aparência externa.

Esconder o quê?

O conhecimento do fato de que ao ser humano foi dada a habilidade de criar sua própria experiência de vida, ou, poderíamos dizer, de criar sua realidade. Todos nós estamos criando nossa experiência de vida a todo momento, e a maioria não tem a menor noção disso! Se isso lhe parece algo impressionante, pelo menos por enquanto, deixe de lado; retornaremos a esse assunto logo mais.

Esconda-a em um lugar onde eles não possam encontrá-la enquanto não estiverem prontos para isso

Então, quando é que os humanos chegam ao ponto de estarem prontos para descobrir o que o Grande Criador escondeu dentro deles? Na minha experiência, somente quando chegamos ao limiar de uma noite sombria da alma; o ponto em que nos exaurimos buscando soluções para os nossos problemas, na nossa cabeça, calculando, analisando, processando e avaliando. Esse ponto de exaustão é, em geral, causado pela perda significativa de algo muito precioso. Poderia ser o falecimento de um ente querido, a perda de um emprego, de um relacionamento, da saúde, e assim por diante.

Muitos de nós chegam a um ponto na vida em que o significado e o propósito de tudo parecem ter desaparecido – no meu caso, uma "crise de meia-idade" exigiu que eu reavaliasse e reconstruísse tudo na minha vida, algo que resultou em três anos sem ter onde morar! Vou contar a você essa história daqui a pouco, ainda neste capítulo.

Em outras palavras, há perdas difíceis que não podem ser entendidas ou conectadas pela atividade mental: o tipo de perda que a pessoa precisa aprender a superar, a conviver. Esse é o ponto em que a pessoa (quase sempre aos prantos) se senta, esconde o rosto nas mãos e é forçada a se entregar para "o que é", a deixar que seja, a se render por inteiro e seguir em frente. Se existe um momento em que precisamos entender que nós mesmos criamos nossa experiência de vida, esse é o momento. Quando chegamos a esse ponto, estamos finalmente preparados para deixar que a mente-ego se dissolva e se renda ao coração, no qual encontramos o grande segredo escondido para a nossa salvação.

A seguir, está um poema do meu poeta contemporâneo favorito, David Whyte. Ele mora no noroeste do Pacífico, e, nesse poema, vemos a imagem de gansos alçando voo e formando a ponta de uma seta. Ao presenciar eventos como esse nessa parte do país, você entende que está testemunhando uma espécie de anúncio: que os gansos estão cientes de uma mudança significativa que está prestes a ocorrer. Nesse caso, a mudança é que, com o inverno chegando, ficará frio e escuro ali por um tempo. Então eles seguem para o México, para esperar até que tudo isso passe (daí o verso "Mesmo agora, que a luz se esvai rápido"). Ajuda saber que David escreveu esse poema para uma amiga que buscava um modo de superar um divórcio.

Uma perda grande, como o divórcio, envolve muito mais do que apenas um relacionamento. Uma sensação muito mais significativa de perda será a ausência das esperanças, dos planos e sonhos para o futuro. Uma vida inteira está sendo retirada e nunca retornará. A verdadeira dificuldade é encontrar um lugar para recomeçar – um lugar no qual firmar os pés e começar uma vida nova.

Como David explica, ele queria muito ajudar a amiga, mas sabia também que, a essa altura da vida, a última coisa que ela queria ouvir era que os eventos que lhe causavam sofrimento eram, na verdade, algo bom para ela. Então, ele escreveu o poema em segredo e não mostrou a ela enquanto não achou que era o momento apropriado.

Acima das montanhas
os gansos se transformam
em luz mais uma vez.

Pintando suas
silhuetas escuras
num céu aberto.

Às vezes, tudo
tem que ser
inscrito
nos céus

para você poder
encontrar a linha
que já está escrita
dentro de você.

Às vezes, é preciso
um céu grandioso
para encontrar

aquela primeira, brilhante
e indescritível
figura de liberdade
no seu coração.

Às vezes, com
os restos dos gravetos
negros que sobram
quando o fogo se apaga

alguém escreve
algo novo
nas cinzas da sua vida.

Você não está partindo.
Mesmo agora, que a luz se esvai rápido,
você está chegando.

David Whyte, "A jornada"

Todos nós vivenciamos a mudança das estações à medida que navegamos os mares de toda uma vida, e ocorrem tempestades nesses mares, algumas maiores e outras menores. Sejam quais forem as circunstâncias dessas tempestades, cada uma nos depositará em novos limiares. Diante de cada entrada, às vezes precisaremos reunir muita coragem para dar o primeiro passo, deixando para trás o antigo mundo familiar ao chegarmos no limiar do desconhecido.

Um exemplo excelente de empolgação misturada com apreensão é expresso pelas imortais palavras de Dorothy, na história de *O mágico de Oz*, num momento igualmente crítico: "Totó, acho que não estamos mais no Kansas".

A grande descoberta

Qual você acha que é a diferença entre partir e chegar? Em um primeiro relance, parecem ser a mesma coisa. Qual é o ponto de partida e qual é o ponto de chegada? Quando há uma mudança significativa ocorrendo na sua vida, chegará um momento no qual você terá que abrir mão do que é passado e aceitar o que agora é o presente, para preservar sua sanidade. Já foi dito que "as pessoas não precisam aprender a deixar que as coisas se vão. Elas precisam apenas aprender a reconhecer que as coisas já se foram". Há muita sabedoria nessa afirmação. Reconhecer e aceitar a realidade de que algo pelo qual ansiamos já se foi e não pode ser recuperado é o ponto onde podemos começar a nos ver chegando, em vez de partindo.

Quando estamos perdendo algo ou alguém que amamos, principalmente se for algo que achamos necessário para a nossa sobrevivência, é provável que nos apeguemos desesperadamente a isso. Esse apego potencializa a sensação de perda, e ela pode se arrastar por um longo tempo, tornando nossa vida miserável. Quando finalmente entendemos que as antigas circunstâncias se foram para sempre, e não resta nada a que se agarrar, podemos nos alterar para o modo de chegada. O modo de chegada é simplesmente uma mudança de atitude: da resistência para uma expectativa positiva. Nossa perspectiva passa de negativa para positiva, e começamos a conduzir a vida de maneira afirmativa. Olhando para trás, vemos lembranças antigas: "Mesmo agora, que a luz se esvai rápido". Olhando para a frente, podemos ver o potencial para toda a maravilha que pode estar esperando por nós. Essa chegada é o ponto milagroso no qual nosso coração partido e temeroso começa a se curar, e cada novo dia nos traz cada vez mais evidências de um futuro luminoso e cheio de alegria. Admito que seguir em frente pode ser desafiador. Muito embora saibamos que devemos deixar o passado para trás, ficamos, também, cientes de que o futuro está à nossa frente, e *depende de nós fazer dele tudo o que ele pode ser*. Nós chegamos!

Essa é a grande descoberta! Descobrimos a verdade daquilo que o Grande Criador disse aos animais: "Os seres humanos criam sua própria experiência de vida". Que glória! Encontramos o tesouro enterrado em nossa propriedade. Esse tesouro é mais valioso do que qualquer coisa que possamos imaginar. É o amor que nos leva a salvo para casa – o amor incondicional que temos inerentemente pelo nosso eu sagrado, a consciência inegável de que somos suficientes tal como somos.

O salto de fé

Vamos retomar a ideia de que você mesmo cria sua realidade, deixada em suspenso há pouco, neste capítulo, e examinar com atenção as possibilidades. Ainda que essa ideia seja totalmente contrária a tudo que você sempre acreditou, chegou a hora de dar um salto de fé gigantesco. A jornada do herói se baseia amplamente em dissolver antigas crenças limitantes para construir novas crenças empoderadoras. Se você já assistiu ao filme *Indiana Jones e o Templo da Perdição*, outra jornada de herói, talvez se lembre da cena em que Indiana precisa cruzar um abismo para obter um amuleto que salvará a vida do pai dele. Indy precisa superar tudo em que sempre acreditou acerca da realidade e dar um passo sobre o nada para atravessar a fenda. Assim que ele confia e dá o passo impossível, a ponte aparece. Estamos mergulhados na nossa jornada do herói agora, então terei que pedir a você que deixe a dúvida de lado e acredite. Compartilharei com você alguns relatos pessoais sobre o poder da fé mais tarde. Por ora, no entanto, saiba que você está a salvo e acredite no seu dom de criar.

Se você deixar a dúvida de lado e acreditar honestamente no poder que tem para mudar sua experiência de vida, talvez possa olhar bem no fundo dos seus olhos, diante do espelho, e dizer sinceramente: "Estou disposto a amar você. Posso começar a aceitar você do jeito que é. Posso apreciar você por completo, muito embora tenha alguns defeitos, hábitos ruins e uma sensação de não ser bom o bastante". A essa altura, comece a perceber que, apesar do que as pessoas podem ter lhe falado, elas provavelmente estavam mal informadas, porque você tem um grande valor. Finalmente, agora você pode começar a aceitar a verdade de que é rico, extremamente rico, abundantemente rico, com todos os requisitos fundamentais para viver uma vida magnífica.

Agora que nossa atitude começou a ficar positiva, a perspectiva melhorará bastante. Entretanto, muito raramente nos transformamos prontamente. Será preciso passar por um aprendizado, conforme começamos um relacionamento totalmente novo com nós mesmos: uma exploração muito empolgante de autodescoberta e autoaceitação, enquanto aprofundamos o quanto apreciamos nosso maravilhar. Acabamos de abrir aquele baú para explorar o tesouro que ele contém. Conforme passamos pelos caminhos dessa jornada, os tesouros do nosso baú ficarão muito nítidos para nós, item por item, joia por joia, peça por peça.

No final da viagem, metaforicamente, teremos retirado, limpado e polido cada item, para um acabamento refinado e brilhante, e teremos feito quaisquer reparos necessários. A essa altura, não somente teremos descoberto nossas riquezas, mas também, o mais importante, nos sentiremos ricos. Sentir-se rico tem muito mais valor do que todo o dinheiro e todos os bens materiais que poderíamos ganhar.

Uma descoberta para curar a vida

Quando eu tinha por volta dos quarenta anos, cheguei ao ponto em que finalmente resolvi que era hora de mudar de vida. Havia tentado mudar as coisas algumas vezes antes, mas, por algum motivo, tudo o que eu fazia se recusava a dar certo. Consequentemente, eu ficava sempre recriando a vida antiga, vez após vez. Um dia, contei a uma amiga próxima sobre o que eu sentia e perguntei se ela tinha alguma ideia de como eu poderia fazer essa mudança. Ela curtia filosofias *new age*, de autoajuda, e sugeriu que eu tentasse fazer afirmações. Sem ter a menor ideia do que eram as afirmações e de como funcionavam, pesquisei um pouco e acabei chegando a um livro chamado *Você pode curar sua vida*, de Louise Hay. O título me acertou em cheio, logo de cara, pois indicava que algumas vidas precisam ser curadas – e era isso que eu sentia quanto à minha vida, já fazia algum tempo.

Ah, acho que posso dizer que a vida estava até que boa e parecia seguir em frente, meio manca, mas razoavelmente bem; no entanto, estava longe de ser uma existência realmente satisfatória. A essa altura, eu já tinha me divorciado duas vezes e depois fiquei passando de um relacionamento para outro. Fisicamente, tinha saúde razoável, e ganhava dinheiro suficiente para a existência diária com meu pequeno negócio instalado em casa. Mas, em outras palavras, eu não era feliz, estava insatisfeito e não sabia como mudar isso.

Cresci em uma família problemática. Meu pai biológico se divorciou da minha mãe antes de eu nascer, então, de certa forma, posso dizer que sou órfão. Com o passar do tempo, me vi crescendo com cinco irmãos em uma vida familiar imersa no caos do alcoolismo, e ao longo dos anos com alguns padrastos bravos e abusivos. Se isso soa um pouco como os antigos contos de fada – crianças órfãs, padrastos e madrastas malvados, águas venenosas, tudo isso acentuado por medo e incerteza –, então você pode entender meu grande apreço pelo mundo das histórias e dos contos de fada. Aqui vai a boa notícia: a maioria dos contos de fada tem um final feliz; logo, a sua história pode ter também.

A primeira lição que aprendi com esse livro, *Você pode curar sua vida*, foi que quase todo mundo cresce com um montão de crenças negativas sobre si mesmo, adquiridas na infância. Além disso, quanto mais difícil e desafiadora for a nossa infância, maiores são as crenças negativas sobre nós mesmos e a vida em geral. Se crescemos em uma família amorosa ou não, quase todo mundo acaba, na idade adulta, pensando que não é bom o bastante. Adquirimos crenças errôneas negativas na escola, com os colegas, nas religiões, na imprensa e mais.

Então, supondo que estamos criando nossa experiência de vida a partir do que acreditamos que seja a verdade, se achamos que não somos bons o bastante, é natural que nossa experiência de vida será um monte de coisas que não são boas o bastante. Algumas das revelações mais contundentes da história de Oz acontecem quando Dorothy descobre as coisas em que não é boa o bastante. Suas crenças negativas aparecem como um espantalho de cabeça de palha que não é inteligente o bastante, um leão covarde que não é corajoso o bastante, um homem de lata sem coração que não é amável o bastante, e assim por diante.

Para complicar ainda mais a situação, cada fracasso, equívoco e mancada valida e confirma nossas crenças negativas sobre nós mesmos; elas se tornam profecias autorrealizáveis. Consequentemente, acabamos tendo relacionamentos com problemas, perdemos empregos, perdemos saúde, e a lista é extensa.

Muito bem, vamos fazer uma pausa e respirar fundo. O que precisamos fazer aqui é saber e acreditar que essas "perdas" são apenas sintomas de um transtorno subjacente. Ao continuar explorando os tesouros do nosso baú, descobriremos que podemos, de fato, "curar nossa vida" usando nossos tesouros inerentes, que já estão dentro de nós. No entanto, ainda precisamos responder a esta pergunta que fica nos corroendo – quem sou eu?

No livro *O tao do Pooh*, de Benjamin Hoff, os amigos do Pooh estão envolvidos numa discussão profunda sobre as mesmas questões que estamos trabalhando aqui: como saber o que temos para essa jornada ao longo da vida, para onde ela vai, e o que, se for mesmo o caso, precisamos fazer com a nossa vida. Claro que os amigos logo voltam sua atenção para o sábio da turma, o Ursinho Pooh, e lhe perguntam: "O que você acha, Pooh?". Pooh respira fundo e responde, sabiamente, com esta pergunta inaugural: "Como podemos chegar longe se não sabemos quem somos?". A dica, aqui, é que a primeira coisa que precisamos fazer, ao começar nossa jornada, é responder a esta perguntinha chata: "Quem sou eu?". A resposta chocante, porém empoderadora, para essa pergunta é nossa próxima parada nesta expedição.

Capítulo 3

A CENTELHA

Todos nós temos um desejo que fica sempre nos chamando aos sussurros. Não importa quanto sucesso tivemos e quantas aquisições fizemos, ou o tamanho do nosso círculo social, existe essa voz que fica chamando, chamando, chamando. Temos a sensação de que há algo vital que está faltando, por isso, como um peregrino, partimos em uma jornada atrás da outra, procurando a fonte dessa voz oculta.

Neil Diamond, que considero como um místico dos tempos modernos, canta com a alma sobre esse chamado na canção *I am, I said*, no verso que diz: "Eu tenho um vazio aqui dentro, lá no fundo, e eu tentei, mas ele não me larga".

É esse "vazio aqui dentro" que todos nós ansiamos por preencher.

O órfão

Uma primeira exigência essencial no livro *A jornada do herói*, de Joseph Campbell, é que o herói tem que ser um órfão para receber o chamado da aventura. Em todos os mitos, histórias e contos de fada que ele estudou, os heróis eram sempre órfãos; em geral, tinham apenas um dos pais. Alguns exemplos disso são *Cinderela*, *Branca de Neve e os sete anões*, *Guerra nas Estrelas* e *O Mágico de Oz*. Lembre-se de que estamos explorando histórias, mitos e contos de fada, para ver como podem se relacionar com nossa aventura da vida real e nos ajudar a obter um entendimento mais profundo da nossa própria jornada de herói.

Posso muito bem imaginar o quanto você quer ser o herói ou a heroína da jornada do seu herói preferido, mas como isso vai acontecer se o herói precisa ser órfão e você não se considera órfão? Não conheço você pessoalmente, nem sei nada da sua vida, da sua história. Mesmo assim, darei um passo no escuro aqui e lhe direi que acredito que você seja, de fato, órfão, estando, portanto, qualificado para assumir o papel de herói na sua jornada de herói.

Como posso ser tão ousado e fazer uma alegação dessas? Acredito que, no seu nascimento, você foi colocado nas mãos de pais adotivos pelos seus verdadeiros genitores. Sei que isso pode parecer assombroso, mas acho que consigo sustentar essa alegação, se você tiver um pouquinho de paciência. No exato instante da sua concepção, três elementos se juntam e dão a centelha, a faísca que acende o fogo da vida do corpo. É preciso haver um óvulo fornecido pela mãe e um espermatozoide fornecido pelo pai. Estamos muito cientes desse processo, mas, se isso basta, por que há tantas conexões entre óvulos e espermatozoides que não produzem um feto vivo?

Pondere esta manchete:

"LAMPEJO BRILHANTE MARCA O MOMENTO INCRÍVEL EM QUE A VIDA COMEÇA, QUANDO ESPERMATOZOIDE ENCONTRA ÓVULO."

Uma equipe de pesquisadores da Universidade Northwestern, nos Estados Unidos, descobriu que, no momento em que um espermatozoide penetra um óvulo, ocorre um lampejo brilhante. Um artigo do *The Telegraph*, periódico britânico, analisa, em termos científicos, o que é esse lampejo, de onde ele vem e que impacto essa descoberta pode ter na fertilização *in vitro*.

O dedo não é a lua

Vou usar uma antiga analogia zen para ajudar a explicar os caminhos um tanto esotéricos que estamos prestes a explorar: "o dedo não é a lua". O sentido literal, aqui, é que, se você vê um dedo apontando para a lua, olhar o dedo não será muito satisfatório. Se, no entanto, focar a atenção na direção apontada, você será recompensado com a beleza da lua. É importante notar, também, que não há uma conexão direta entre o dedo e a lua, por isso, uma vez capturado pela beleza da lua, qualquer influência que o dedo poderia ter sobre você será perdida por completo.

Por favor, pare por um momento para ponderar como essa analogia pode ser aplicada às palavras ditas ou escritas. Como eu, talvez você perceba que todas as palavras são "dedos". As palavras só servem para direcionar nossa atenção para aquilo que elas representam, e nunca são a própria coisa. Por exemplo, a palavra "geladeira" não é uma geladeira. Ela pode ser necessária, no entanto, para trazer à mente a experiência de uma geladeira. Ademais, a experiência da geladeira será diferente para cada um, dependendo do nosso conhecimento prévio a respeito de geladeiras. Essa percepção ocorre porque o passado informa o presente dentro de cada um de nós. Nossa experiência anterior ditará como experienciamos o presente, porque esse é o único ponto de referência que temos; e é também a fonte do preconceito e do julgamento prévio. Um preconceito é, essencialmente, um julgamento de algo com base na nossa lembrança de uma experiência similar antes de saber qualquer coisa sobre a experiência corrente.

Então, o que tudo isso tem a ver com o tema deste capítulo, a centelha? Para explorar por completo o mistério da centelha, teremos de usar palavras que "acionam gatilhos" – e não quero que você fique para trás por causa de uma reação adversa a uma ou outra palavra. Este é o momento em que, mais uma vez, peço que você abra o coração e a mente e se disponha a explorar novos panoramas, conforme viajamos.

A essa altura, na nossa jornada, temos que mudar a rota e entrar na "toca do coelho". Imagino que será um pouco como passear no Mr. Toad's Wild Ride ("O passeio selvagem do Sr. Sapo"), na Disneylândia: intensos solavancos, curvas fechadas e imagens inesperadas. Então, aperte o cinto; não quero que você fique para trás. Lá vamos nós!

A partícula adamantina

As partículas adamantinas formam todos os elementos do Universo. Para ter uma ideia da natureza fundamental delas, pense na palavra raiz, "Adão", que significa original ou primeiro, e depois em "diamante", que indica algo que é extremamente rijo. Elas são as menores partículas, invisíveis, que reúnem os átomos de todas as substâncias originais, como o oxigênio, o nitrogênio, o ferro; em outras palavras, "tudo que existe", incluindo nosso corpo. Elas são codificadas com um tipo de DNA universal que lhes permite formar qualquer átomo possível. Pode-se dizer que elas são a potência pura, ou o potencial criativo divino.

A antiga tradição budista tem uma palavra em sânscrito, *vajra*, que significa "adamantino", e *vajra dhatu*, que significa "esfera adamantina". Os cientistas modernos estão cientes da partícula adamantina, mas dão a ela nomes diferentes, como Bóson de Higgs, apelidado pelo físico Leon Lederman, em 1993, como "partícula de Deus" (meu favorito). A ciência da física de partículas é extremamente complexa e cheia de mistérios desconhecidos, e talvez até impossíveis de conhecer. Uma coisa que se sabe, no entanto, é que existe "algo sinistro" acontecendo, que eles não entendem. Será que é a partícula adamantina?

Alguns anos atrás, escrevi um livro que acabou sendo atribuído ao gênero de ficção autobiográfica, o que não era minha intenção original. No fim, foi intitulado *Quem você pensa que é?*, porque acabou se tornando uma história sobre meu desejo de encontrar meu verdadeiro eu, ou, poderíamos dizer, meu "quem sou eu?". Quando comecei a escrevê-lo, eu pretendia usar um conto que havia escrito alguns anos antes como base. A ideia original era que o livro tratasse de mentoria, motivação e determinação. É comum, quando estou escrevendo (ou criando alguma coisa), que um poder maior entre e usurpe meu plano original; foi isso que aconteceu com esse livro. No fim das contas, o processo foi bem terapêutico, pois revelou para mim muito sobre por que minha vida havia se desenrolado daquele jeito até então. A propósito, esse livro foi escrito muito tempo antes de eu descobrir qualquer coisa sobre a partícula adamantina.

A história se relaciona à minha vida até um ponto no meu caminho de evolução. Sou representado por um passarinho chamado Eagerlet. Parece que o filho de um fazendeiro, fazendo uma trilha nas montanhas, descobre um ninho grande com um ovo e nenhum pássaro adulto tomando conta. Talvez em um ato de travessura ou de compaixão, o menino remove o ovo do ninho e o coloca no ninho de um peru, na fazenda – Eagerlet nasceu órfão. Isso resulta num pássaro destinado à liberdade de voar bem alto no céu nascendo numa família de perus, em uma pequena fazenda. Assim que o ovo racha, os perus e a galinha sabem que há algo errado. Então o peru ancião, mais adiante, explica a Eagerlet que ele é bem-vindo na família, no entanto, terá que se comportar como um peru para que lhe permitam ficar. Eagerlet não encontra uma maneira de se tornar algo que ele não é, então muda-se para uma outra família de aves, e segue de uma para outra, sucessivamente, motivado por um anseio profundo de saber quem ele é e onde é seu lugar. Cada família de aves com a qual ele passa a viver o rejeita, pois ele não se encaixa. Ele sofre *bullying*, passa por um período de muito sofrimento e quase morre, e tudo isso produz um *insight* que revela sua verdadeira identidade: uma centelha do potencial criativo divino se expressando de maneira única, como aquele que é conhecido como Eagerlet.

Uma centelha do potencial criativo divino

A questão é: o que é essa centelha, esse lampejo no momento da concepção? Deixando de lado qualquer análise científica, quais seriam as outras possibilidades? Será que, em nossa essência, somos todos centelhas do potencial criativo divino? Será que essa centelha ou lampejo na concepção é um conjunto de partículas adamantinas representando o DNA de nossa alma eterna e única entrando num novo corpo? Será que é a presença da partícula de Deus que anima e sustenta o corpo ao longo da vida? E será que são essas mesmas partículas adamantinas que deixam o corpo quando chega a hora de seguir adiante, levando consigo um registro detalhado dessa vida? Bem, isso é algo para se pensar.

Conversei sobre isso com muitas pessoas que estiveram presentes quando a vida deixava o corpo de entes queridos, humanos e animais. Minha experiência, bem como a delas, foi que essa passagem é palpável. Alguns a veem, outros a sentem, e outros captaram o sentido poderoso dela. Para mim, eu a vejo deixando o corpo na forma de uma espécie de vapor que sobe e se dissipa. Acredito que seja totalmente possível que a névoa que vejo sejam as partículas adamantinas deixando o corpo. É impressionante a diferença na aparência e na sensação de um corpo vivo para um do qual a vida já partiu; não há mais luz nos olhos, e nenhuma vibração irradia do corpo. Seja lá o que deixa o corpo, isso não pode ser mensurado de modo nenhum, mas temos consciência imediata da mudança quando acontece.

Muitas pessoas falam de situações em que, após o falecimento de um ente querido, elas são "visitadas" algum tempo depois por uma sensação da força vital dessa pessoa "passando através delas". Referem-se a essa sensação, em geral, apenas como a passagem de uma energia, mas essa energia é sempre imediatamente identificada como a do ente querido falecido.

Reflexões de um médico neonatal

Minha esposa e eu estávamos, certa vez, sentados no saguão do Hotel Hilton do aeroporto de Mumbai, na Índia, esperando que nos levassem ao terminal. Conversávamos sobre o trabalho que tínhamos feito na Índia e sobre o casamento para o qual fomos convidados. Um casal, em uma mesa próxima, ouviu um pouco da conversa. Pedindo desculpas pela intromissão, o homem disse que não pôde deixar de ouvir e tinha ficado curioso com relação ao trabalho que havíamos feito. Durante a conversa, ele mencionou que era médico neonatal e que ele e a esposa tinham ido a Mumbai para participar de uma conferência. Fiquei muito empolgado quando ouvi isso, e lhe disse:

– Uau, já que trabalha nessa área, você deve saber sobre a centelha!

– Que centelha? – ele perguntou.

– A que acontece no momento em que o embrião é concebido!

– Centelha? Está dizendo que ocorre uma centelha no momento da concepção? – ele perguntou, a cabeça pendendo para o lado, olhando para mim como um cãozinho tentando solucionar um mistério incrível. – Onde você ouviu isso? – ele prosseguiu.

– Eu li sobre isso.

– Ah, é mesmo? – ele disse. – Em que livro? Eu adoraria saber mais a respeito.

– Eu vi na internet.

– Ah, entendo – disse ele –, pode me falar mais sobre isso?

Compartilhei todas as coisas sobre as quais escrevi aqui, incluindo o nome "Partícula de Deus". Ele ouviu com atenção e avidez tudo que eu dizia. Quando terminei de contar tudo que eu sabia sobre a centelha do potencial criativo divino, ele ficou quieto por alguns segundos, processando tudo na mente. Quando concluiu seu pensamento, me olhou com a expressão compassiva de um médico que precisa transmitir péssimas notícias e disse:

– Rick, sinto muito ter que lhe dizer isto, mas não há centelha nenhuma.

– Oh – foi a única resposta que consegui dar. Eu não me sentia preparado para discutir sobre o assunto com um médico neonatal num saguão de hotel.

Tanto ele quanto a esposa eram muito interessantes, e continuamos conversando sobre uma variedade de assuntos, por um tempo. De algum modo, a conversa foi abrindo caminho por entre a riqueza da cultura indiana e suas muitas deidades; foi então que ele mencionou que era ateu desde sempre. *Ah*, pensei eu, *talvez tenha sido o comentário sobre a "Partícula de Deus" que me complicou.* Despedimo-nos como amigos, e lhe ofereci uma cópia do meu livro *Quem você pensa que é?*, explicando que ele provavelmente ia gostar da história, e que talvez o ajudasse a entender meu ponto de vista.

Continuo acreditando firmemente na centelha do potencial criativo divino como sendo a partícula adamantina, e quanto mais aprendo sobre isso, mais convencido fico. Essa é a minha história, e pretendo ficar com ela!

Continuando nossa jornada pela toca do coelho, agora veremos se conseguimos descobrir a fonte da partícula adamantina.

Uma explosão de amor

A seguir temos uma história de criação bastante condensada que explica a origem do Universo, compilada do livro *The Way of Transformation* (O caminho da transformação), da Fundação Shanti Christo. Por meio desse modelo, começamos com um campo de nada além de puro potencial. Então, por um motivo que ninguém jamais poderia imaginar, esse campo inerte se descobre como a essência do amor. No instante dessa descoberta, parece haver uma divisão: dois, em vez de um. Isso ocorre porque, no momento dessa grande descoberta, temos o que parece ser um observador e o que parece ser um objeto de observação – dois, em vez de um.

Não existe separação, de fato, porque o campo original é tudo que existe; não há local para o qual se separar. Aquele que aparentemente é observado apenas se tornou um aspecto do campo original, mas não se separou dele. Porém, o que está sendo observado sente como se estivesse separado de seu criador; isso engendra uma pontada de medo, que, mais tarde, evoluirá para o ego. Esse medo se condensa muito rapidamente em um nó apertado e então explode – BANG! A explosão produz um número infinito de "centelhas" dentro do campo original de potencial (centelhas do potencial criativo divino?), todas completamente idênticas em todos os sentidos, incluindo a pontada inicial de medo. A única diferença entre elas é que *parece* haver um espaço entre elas.

O traço de medo em cada uma dessas centelhas, aparentemente separadas, se condensa muito rapidamente e então explode – BIG BANG! Esse é o Big Bang de que os cientistas falam, que produziu matéria em uma miríade de formas. É importante lembrar que nada disso jamais saiu do campo original, porque, novamente, não há outro local para o qual ir; o campo original continua a ser tudo que existe.

Vamos nos concentrar por um momento no comentário anterior, que afirma que "esse campo inerte se descobriu como o amor". Se puder pensar nesse campo inerte como Deus antes da criação e da descoberta de si mesmo como o amor, você poderá facilmente concluir que a criação é o amor de Deus expressando-se unicamente em uma quantidade infinita de formas e energias. Será possível que a primeira criação nascida do amor de Deus seja o Espírito Santo ou aquele a quem nos referimos como o filho de Deus ou a Superalma? E será que a explosão dessa Superalma produziu todas as almas no Universo? E será que a explosão que ocorreu em todas essas inúmeras almas produziu a ilusão que experimentamos como matéria? E será que essas "centelhas" de quantidade infinita, criadas na primeira explosão, são as partículas adamantinas que se manifestam como toda matéria?

Lembre-se de que as partículas adamantinas contêm potencial para manifestar qualquer substância ou elemento original. Mas elas demandam uma energia tremenda para funcionar. E a energia de que elas precisam não é a energia de força repulsiva que estamos acostumados a ver produzindo caos. Elas precisam da energia da qual nasceram, da energia magnética do amor, que cria harmonia. O amor guia e ordena às partículas adamantinas que expressem seu potencial ilimitado de padrões de amor, beleza, perfeição e paz.

De volta à superfície

Certo, voltamos à superfície. Uau, que aventura! Agora sabemos de onde a vovó toupeira tirou a sabedoria dela! Nessa breve excursão, descobrimos que talvez sejamos, essencialmente, centelhas do potencial criativo divino se expressando unicamente como aquele ser que é conhecido pelo nosso nome – nós mesmos. Gostei disso, então acho que vou pegar para mim, e encorajo você a fazer o mesmo.

Entretanto, talvez você se sinta um pouco resistente às ideias que coloquei neste capítulo. A maioria das pessoas acaba se deparando com obstáculos quando tenta elevar seu nível de pensamento para abranger o potencial fantástico que somos capazes de expressar. Portanto, nossa próxima parada nesta jornada de descoberta vai revelar o primeiro dos muitos bloqueios que nos impedem em nosso caminho de autodescoberta.

Capítulo 4

EM PARTE, FATO; EM PARTE, FICÇÃO

Assim que terminei um relacionamento próximo e pessoal com o livro *Você pode curar sua vida*, de Louise Hay, minha vida mudou rápida e dramaticamente. Uma lição importante que aprendi com o livro foi que, se existe algum aspecto do meu estilo de vida que não está *servindo* ao meu propósito de vida, isso provavelmente é um obstáculo para que eu de fato *viva* meu propósito. Usarei repetidas vezes a palavra "propósito" para acentuar como isso me assombrava dia e noite; surgia a todo momento. A dica aqui era que, se eu pretendia viver minha vida de acordo com algum *propósito* preordenado, precisava me livrar de qualquer coisa que estivesse impedindo esse *propósito*.

O problema era que eu não fazia ideia de qual era meu propósito de vida, então comecei a me despojar de tudo que poderia ser um obstáculo no caminho. Larguei todas as coisas associadas com meu jeito antigo de ser e de viver, incluindo ideologias, crenças, relacionamentos e itens materiais, como móveis, carros e até mesmo inclinações. No fim, cheguei ao ponto em que não havia nada bloqueando meu caminho rumo a meu propósito de vida. Claro que o resultado foi que – sim, você acertou! – não me restou mais nada, e ainda por cima eu continuava sem um propósito de vida! Como diz Kris Kristofferson, na canção

Me and Bobby McGee, "o nada não vale nada, mas é de graça". Certo, já entendi, eu finalmente me libertei de tudo! Mas e agora?

Eu não recomendaria essa abordagem para qualquer um, pois isso criou para mim uma situação difícil, de não ter nem sequer moradia, e que durou três anos. Não era uma situação de estar largado na sarjeta vestindo farrapos, mas um estado no qual eu não tinha casa própria nem meios para me sustentar. Dizendo isso de outro modo, eu havia criado uma situação em que tive que aprender rapidamente a confiar no que existe e estar disposto a aceitar o que de bom podia estar disponível para mim. É uma experiência muito humilhante quando o intelecto (também conhecido como o controle do ego) tem que recuar e deixar que o coração seja o guia. Nunca aprendi a confiar no meu coração desse jeito, então demorei um pouco para me acostumar.

Foi uma situação bem assustadora no início, mas logo aprendi que se eu oferecia ajuda às pessoas, mesmo em pequenos gestos, em geral elas aceitavam a ajuda e devolviam o favor – muitas vezes, com gestos maiores. Por meio de um sistema de troca que desenvolvi bem no começo, me vi morando nas melhores casas dentre todas em que já havia morado até então. Além do mais, era totalmente sustentado por umas pessoas incríveis e realmente generosas.

Essa história, por si só, já renderia um livro. No entanto, minha intenção aqui é usar minha experiência para ilustrar como podemos recuperar o equilíbrio depois de deixar para trás tudo que sempre amamos. Portanto, vou direto ao ponto.

Ao final dessa minha temporada no misterioso mundo de depender dos outros para me sustentar, uma "voz" falou comigo, e disse: "Chegou a hora de voltar a trabalhar". Isso me pareceu tão bizarro quanto a "voz" de Louise Hay me dizendo para eu me livrar de todo o entulho que não servia ao meu propósito de vida. O que eu respondi para essa voz? "Voltar a trabalhar fazendo o quê?"

Pouco tempo depois, a voz respondeu: "Você sabe o que fazer; comece agora mesmo".

"Tá, mas e quanto a..." Minhas tentativas de negociar foram interrompidas com este comentário seco e casual: "Apenas comece agora mesmo".

Isso foi muito parecido com as palavras ditas por Glinda, a Bruxa Boa do Norte, à Dorothy depois de lhe dar a simples instrução de "seguir a estrada dos tijolos amarelos". Imediatamente, Dorothy perguntou: "Mas e se...?". "Apenas siga a estrada de tijolos amarelos" foi a orientação final que Glinda deu enquanto ia embora dentro de sua bolha cor-de-rosa.

O poder da afirmação

Durante meu exílio de três anos na Terra da Esquisitice, aprendi muitas coisas. Uma das mais importantes foi que as afirmações têm o poder aparentemente milagroso de causar mudanças significativas nas situações da vida. Caso você não conheça o conceito de afirmação, trata-se de frases positivas e pessoais ditas no tempo presente sobre como você "vê" sua vida sob condições ideais. Considerando que talvez a sua vida não seja a ideal no momento, as afirmações podem parecer falsas ou fictícias quando você afirmar uma verdade nova; em parte, fato, e, em parte, ficção. A parte que é fato é sua experiência de vida do momento. A parte que é ficção é a experiência de vida que você pretende ter. Não se preocupe com fato ou ficção aqui. Você tem de pensar em como seria sua vida se a sua situação fosse a ideal, e então usar afirmações para expressar que a situação ideal acontece agora. Trabalhar com as afirmações dessa forma reprogramará sua mente para deixar para trás os sistemas de crenças do tipo "não sou bom o bastante", "não tenho valor suficiente", que ficaram enraizados no seu subconsciente, e abrir seu mundo para o ideal, que pode se manifestar genuinamente muito rápido.

A mente inconsciente não tem como saber a diferença entre uma afirmação factual e uma fictícia, por isso, com o tempo, conforme você repete suas afirmações com convicção e paixão, os fatos e as fantasias da sua vida ficam mesclados, e você chega ao ponto em que a "ficção" começa a parecer que é fato. Por favor, observe que não se trata de mágica; isso é, essencialmente, um jeito de reprogramar a sua mente para que, em vez de você continuar atolado nas trincheiras profundas das suas crenças antigas, sejam reveladas rotas alternativas que levem a novas possibilidades. Como você logo verá, ainda que essas novas trilhas sejam reveladas, continua sendo uma escolha sua aventurar-se nelas ou não. Às vezes é preciso ser muito corajoso! "Mesmo agora, que a luz se esvai rápido..."

Abaixo segue um esboço da criação, da implementação e do resultado impressionante daquilo a que ainda me refiro como "minha afirmação milagrosa".

Lembrando que uma misteriosa "voz interior" alegou que eu já sabia o que fazer, comecei a pesquisar minha mente. Acho estranho que, quando as pessoas olham para o céu e fazem uma pergunta urgente para uma deidade, um anjo, um mestre que já ascendeu ou a um guia espiritual, em geral elas recebem respostas diretas. Quanto a mim, não; sempre recebo algo como "todas as respostas estão no seu interior, encontre-as por conta própria, e então elas terão um significado maior". A história seguinte oferece provas suficientes de que, ao menos nesse caso, minha voz interior acertou em cheio.

Faz muito tempo que adoro caminhar. Acredito que caminhadas longas, principalmente na natureza, são uma ótima forma de exercitar o corpo, a mente e o espírito, tudo ao mesmo tempo. Então, naturalmente, fiz uma extensa caminhada ao longo da praia para explorar os recônditos da minha mente em busca desse fugidio "propósito de vida", que eu supunha ser a razão de tudo isso. Durante a caminhada, lembrei-me de uma longa lista de objetivos que criei quando fiz um programa de treinamento do Tonny Robbins, em fita cassete, que um "senhorio" havia me emprestado no começo da minha repaginação radical – edição de vida. Essa lista continha por volta de cem objetivos, a maioria, agora, sem importância para mim. Dessa longa lista, fiz uma lista menor com coisas que pareciam representar o que eu realmente queria, muito embora parecessem muito improváveis de ocorrer. A partir dessa lista menor, escrevi o que hoje chamo de minha nova história de vida, uma "afirmação milagrosa".

A afirmação milagrosa

Sou escritor, palestrante e fotógrafo profissional, habilidoso e talentoso.

Uso essas habilidades e esses talentos para criar, desenvolver e apresentar programas que trazem amor, alegria, paz e cura para pessoas de todo o mundo.

Sou muito bom no que faço, e sou recompensado suntuosamente por isso, de várias maneiras.

Estou ganhando bastante dinheiro e estou compartilhando esse dinheiro com pessoas e organizações que trabalham para melhorar a qualidade da vida e a qualidade do meio ambiente.

Estou usando esse dinheiro para melhorar minha carreira e minha instrução.

Estou providenciando para mim um Mustang conversível, vermelho, branco por dentro.

Estou providenciando para mim um guarda-roupa completo, cheio de roupas para todas as ocasiões.

Estou providenciando para mim um belo lar com vista panorâmica para o mar, repleto de belos móveis e objetos de arte, amor, riso, amigos e família, e estou providenciando para mim todas as coisas de que preciso e que desejo.

E que assim seja.

O nascimento de uma nova história de vida

Durante essa repaginação de três anos, passei um bom tempo fazendo trabalho voluntário em uma igreja de pensamento novo em Huntington Beach, Califórnia. Essa época me deu muitas oportunidades de ver excelentes palestrantes motivacionais em ação. Eu realmente admirava muitos deles e as coisas boas que eles estavam fazendo no mundo. Tenho total certeza de que esses palestrantes, como modelos positivos, inspiraram essa afirmação.

Considerando que os fatos da minha vida na época em que escrevi essa afirmação, giravam em torno da falta de moradia e da minha dependência dos outros, foi uma declaração incrivelmente ousada. Dentre outras situações, eu não tinha a menor experiência como palestrante (ficava aterrorizado só de pensar nisso), e, sendo disléxico, dizer que minha habilidade de escrever era fraca seria bondade minha. Eu estava tão falido financeiramente que não tinha conta no banco, nem mesmo uma carteira, pois não tinha nada para pôr em nenhuma das duas. Logo descobri que, se você não tem certo valor na conta, o banco faz uma cobrança, mesmo que não tenha nada ali para retirar, então a conta vai ficando cada vez mais no negativo, a cada mês que passa. Quando fiquei ciente disso, tive que pagar 78,36 dólares só para encerrar a conta. Meu único veículo era uma bicicleta enferrujada comprada em um bazar de usados. A soma dos meus pertences materiais, incluindo as roupas, caberia facilmente em uma mochila. Mais uma vez, "o nada não vale nada, mas é de graça" – exceto, claro, ter uma conta no banco. Nunca se esqueça disso.

Por favor, entenda que não estou reclamando. Eu estava muito feliz e satisfeito. No entanto, a voz misteriosa dentro da minha cabeça me informava, de um jeito muito charmoso, que as férias haviam acabado, e que eu devia "apenas seguir a estrada dos tijolos amarelos", digamos assim. Será que essa voz era a da Glinda com um sapo entalado na garganta?

Quando fui escrever a afirmação, dei de cara com um bloqueio logo no começo. Ao tentar identificar a quantia de dinheiro que eu ganharia com essa nova vocação, congelei por completo. Qualquer quantia que eu estabelecia ali parecia ou muito ou pouco. Se reivindicava uma compensação financeira, fosse pequena ou grande, eu ficava igualmente com medo. Então descobri algo que nunca tinha me ocorrido antes: eu tinha medo de dinheiro! Essa descoberta foi um indicativo gritante do motivo pelo qual minha situação financeira, naquele momento, equivalia a zero vezes zero.

Algumas vezes pensei em apenas esquecer por completo essa questão do dinheiro e deixar que ela se resolvesse sozinha, de algum jeito, em algum lugar, ao longo do percurso. No entanto, depois de fazer um exame de consciência e meditar muito, acabei convencido de que seria impossível chegar aonde eu tinha que chegar enquanto continuasse ali, com a cabeça enfiada na areia; essa questão era simplesmente importante demais para ser excluída. Como você pode imaginar, eu estava determinado a fazer esse projeto funcionar. Uma lição importante, aqui, é que, se algum detalhe das suas afirmações gerar medo dentro de você, é preciso superá-lo para que as afirmações se manifestem por completo. Do contrário, você certamente bloqueará a coisa toda. Tanto consciente quanto inconscientemente, para se sentir seguro você pode acabar minando seus esforços e, desse modo, o resultado pretendido. É estranho, mas é fato.

Após me debater com isso por umas duas semanas, finalmente cheguei ao que considerava o "número" perfeito – bastante dinheiro. Resolvi que bastante dinheiro daria muito certo. Afinal, bastante dinheiro é apenas isso, bastante dinheiro. A sensação de ter bastante de qualquer coisa, incluindo dinheiro, amor, tempo, alegria, paz, e assim por diante, nunca causa a menor sensação de medo. Um rápido lembrete, aqui: "o dedo não é a lua". As palavras são apenas dedos apontando para aquilo que representam. O dedo do bastante apontava para tudo de bom que esperava por mim, enquanto o dedo do medo apontava para tudo que podia prejudicar e bloquear minha jornada. Era uma escolha simples a fazer. Até hoje, o bastante é um querido amigo, e sempre me direciona para o que posso ter de melhor.

No fim das contas, foram necessárias cerca de seis semanas e muito reescrever para elaborar essa afirmação ousada e destemida. Considerando que ela seria a imagem da minha nova história de vida, achei que valeu esse tempo todo.

Não é minha intenção, aqui, ensinar a você a arte delicada de compor afirmações. Isso é assunto para outro momento. Quero salientar, no entanto, o que considero como ingredientes essenciais. Seja o mais específico que puder, mas seja flexível com relação ao resultado. Não fique carente, desesperado ou ansioso com relação a ele. É como plantar uma semente no solo e ficar voltando o tempo todo para desenterrá-la e ver se tem alguma coisa acontecendo. Permita que as coisas aconteçam do jeito que tiverem que acontecer. Lembre-se de que *as afirmações não funcionam de modo linear em tempo e espaço*, portanto, os estágios e as aparências talvez não lhe pareçam lógicos. Tudo que você precisa fazer é revisitar sua afirmação regularmente com confiança, compaixão e entusiasmo. Fora isso, deixe estar.

Nota importante: se você estabelece um tempo ou uma data em sua afirmação, ela deixa de ser uma afirmação e se torna um objetivo! Por sua natureza, os objetivos precisam de tempo e espaço para funcionar. Por outro lado, as afirmações usam a natureza sem tempo e sem limite de um universo criativo, ou "campo de potencial puro", para manifestar milagres.

É interessante notar, aqui, que eu não acreditava nem desacreditava que alguma coisa disso se tornaria realidade. Apenas pensava nisso tudo como uma fantasia divertida com a qual brincar – a mentalidade perfeita para ter quando você está trabalhando com uma imagem tão ousada quanto essa. Não estou querendo dizer que não me importava se essas coisas se manifestariam ou não, mas que isso simplesmente não me preocupava, de modo algum; lembre-se de que eu estava bem satisfeito com meu estilo de vida na época. De todo modo, era uma alegria lidar com essa ideia. Ela foi, e continua sendo, uma linda imagem que aprecio muito. O dom dessa atitude de "deixar rolar" não era algo que eu havia aprendido antes, nem uma decisão deliberada que tomei, mas, na verdade, foi uma bênção que me foi dada assim, do nada. No fim, a afirmação, sem a minha intenção, tomou a forma de um poema em estilo livre, o que foi muito prático, pois facilitava a memorização e era divertido recitar. Acredito que é importante ler ou recitar suas afirmações em voz alta pelo menos uma ou duas vezes por dia. Se repetir demais, é provável que gere ansiedade, o que seria contraproducente.

Também é benéfico fazer o possível para visualizar o resultado da sua afirmação enquanto você a recita ou lê, porque essa prática aumenta a empolgação e o entusiasmo à medida que você anuncia alegremente sua intenção para o Universo. O entusiasmo funciona principalmente como uma injeção de energia, que é o ingrediente final no processo alquímico. Assim que deixei minha afirmação bem gravada na memória, passei a fazer longas caminhadas em praias desertas antes do amanhecer, cantarolando o poema, brandindo os braços em gestos entusiasmados, como se fosse uma declaração da realidade absolutamente feliz da minha experiência de vida. Minha imaginação pintava toda essa cena na tela da natureza à minha frente. Que vida gloriosa!

A chegada de uma nova experiência de vida

Continuei fazendo minhas caminhadas ao longo da praia, logo cedo, acenando feito um maluco, por mais de um mês, e nada parecia estar acontecendo, pelo menos nada que eu pudesse perceber. Como descobriremos ao longo deste livro, existe muita coisa acontecendo debaixo da superfície de todas as coisas. Só precisamos fazer uma pausa e permitir que elas venham até nós. Pensando agora, lembro-me da gerente da livraria da igreja na qual eu era voluntário sugerindo que eu deveria convidar Patricia Crane para sair. A ideia era ridícula! Não havia nada mais distante dos meus desejos do que voltar a sair com alguém, ainda que eu tivesse dinheiro para isso, o que eu não tinha. Apenas ignorei a sugestão dela e segui com a vida, como estava. Àquela altura, eu já havia aprendido a apreciar não ter a própria casa; ter pouca ou nenhuma responsabilidade pode ser uma situação muito confortável.

Eu estava sentado na igreja, meio sonolento, em uma manhã de domingo, quando aquela voz apareceu na minha cabeça mais uma vez:

– Richard, o que está havendo ali na frente?

– Não sei, parece que tem alguém lendo os anúncios – sussurrei.

– Ele parece estar gostando do que está fazendo? Está lendo com empolgação?

– Ah, parece bem entediante, não é? Mas, também, essa é a natureza dos anúncios – respondi.

– Certo, as pessoas que comunicam os anúncios todo domingo são os músicos – a voz me lembrou –, e eles preferem muito mais trabalhar com música do que ficar lendo anúncios.

– Bom, com certeza é isso mesmo, mas não há muito que eu possa fazer com relação a isso, certo?

– Ah, você pode fazer algo com relação a isso, sim – disse a voz, num sussurro firme.

– Ah, é mesmo? E o que seria? – perguntei.

– Eu sou escritor, PALESTRANTE e fotógrafo, habilidoso e talentoso – a voz respondeu, enfatizando bem a palavra "palestrante" com um quê de sarcasmo. – Se quer ser um PALESTRANTE, Richard, o que você tem que fazer?

– Hum... falar? – perguntei, meio inocente.

– Simmm! – foi essa a simples resposta.

– Aqui, você quer dizer? Nesta igreja? *Eu* devo ler os anúncios? Para mais de mil pessoas que estão presentes?! – exclamei, baixinho.

– Simmm!

– Não consigo.

– Richard, se algum dia você vai viver o sonho que criou para si mesmo, vai ter que fazer aquilo que acha que não consegue fazer.

– Certo – respondi, sem muito entusiasmo. – Mas como?

– Apenas se ofereça para isso, como voluntário, do mesmo jeito que você fez com tantas outras coisas por aqui. Não se esqueça: peça e lhe será dado.

– Certo – respondi de novo, ainda sem entusiasmo, e essa foi a última coisa que ouvi desse sujeito misterioso por um bom tempo.

A propósito, a última linha da minha afirmação, "Todas as coisas de que preciso e que desejo", foi jogada no último minuto, só para o caso de eu ter esquecido alguma coisa. No fim das contas, eu realmente havia esquecido uma coisa, uma coisa essencial, sem a qual essa pequena afirmação poderia ter morrido lentamente na praia…

Capítulo 5

O NASCIMENTO

O processo de dar à luz e o de nascer são igualmente desafiadores. Pode haver muito medo e muita dor envolvidos em cada um. A pessoa que dá à luz tem de estar tão comprometida com o processo quanto a que nasce, porque, em essência, o nascimento é um rompimento. Aquele que está nascendo ou sendo "criado de novo" chegou ao ponto em que tem que se separar de seu criador. Isso vale para o nascimento de todas as coisas, seja uma semente no solo, seja um ovo no ninho, seja um feto no útero. Chega um momento em que é preciso romper o invólucro da semente, a casca do ovo ou a bolsa amniótica para liberar uma vida nova. Se, em algum ponto, quem dá à luz ou o ser que está nascendo escolhe abortar o processo, não haverá uma nova criação.

O mesmo vale para cada um de nós quando começamos o ato de nos recriar para o mundo. Uma ampla variedade de linguajares teológicos, filosóficos e espirituais identifica essa experiência como nascer de novo, iluminação, *samadhi*, autodescoberta etc. Isso pode acontecer subitamente, sem preparação espiritual especial, mas um renascimento que ocorre assim, do nada, é extremamente raro. A maioria das pessoas tem que trabalhar por isso, e leva tempo.

Para que aconteça esse renascimento, ou essa recriação, nosso eu inferior, o ego, precisa literalmente ser rompido para permitir que o eu superior tenha um modo novo de ser. Isso geralmente acontece da mesma forma como quando abrimos, à força, uma concha muito bem fechada, permitindo, lentamente, que uma nova vida emerja. Para ajudá-lo a ter uma noção de como isso ocorre, revelarei sistematicamente o processo do meu renascimento, conforme foi facilitado pela minha afirmação milagrosa.

O primeiro passo veio com a sugestão de que eu chamasse Patricia Crane para sair, algo que eu já havia me recusado a fazer antes por causa da disparidade entre o *status* e a instrução dela e os meus. Patricia era psicóloga com Ph.D., e eu tinha largado a escola e não tinha sequer a própria casa. Não sei o que você acha, mas não me parecia provável que a Dra. Crane estivesse sentada na beira da cadeira, com a mão a postos, perto do telefone, esperando que um sujeito como eu ligasse. No entanto, acabou que isso foi a manifestação de "todas as coisas de que preciso e que desejo". A última linha da minha afirmação foi a faísca que atiçou a concepção da minha nova vida de um modo intenso.

Depois vieram as horas passadas caminhando na praia, recitando minha afirmação; isso pode ser pensado como o período de gestação – o processo cósmico de atrair e arranjar os ingredientes necessários.

Logo após esse processo essencial, veio o anúncio do começo do meu novo nascimento: "Richard, o que está havendo ali na frente?" – a primeira contração intensa do processo de parto. Depois outra: "Se quer ser um palestrante, Richard, o que você tem que fazer?". Pensando agora, acho que a voz estava, na verdade, dizendo: "Empurre!".

Essa instrução foi o primeiro sinal de que eu estava viajando pelo meu canal de nascimento rumo a algo muito novo, o que produziu meu primeiro gemido de dor: "Falar?". "Simmm!" – mais uma instrução para empurrar. "Falar aqui, para todas essas pessoas?" – mais um grito de dor. "Simmm!" – empurre! "Mas eu não consigo" – outro gemido. "Richard, para viver seu sonho, você vai ter que fazer aquilo que acha que não consegue fazer" – empurre – com força! "Mas como?" – mais um gemido alto, conforme a dor aumentava. "Peça e lhe será dado" – empurre, empurre, empurre, respire! Um gemido, e mais outro, força para baixo, mais um empurrão e... solte o ar. Está feito...

O anúncio do nascimento

"Bom dia, senhoras e senhores. Obrigado por estarem aqui. Para o caso de não me reconhecerem nesta nova perspectiva, eu sou Rick Nichols, e farei os anúncios de hoje."

Não muito tempo depois de me dispor a falar, lendo os anúncios para a congregação, descobri algo empolgante enquanto revisava a leitura do domingo seguinte. Eu deveria convidar a Dra. Patricia Crane para o púlpito, para fazer um anúncio pessoal sobre um *workshop* que ela faria na parte da tarde. Veja só esse nome de novo, Dra. Patricia Crane, hum, interessante. Embora ainda estivesse intimidado por causa da diferença gigantesca que havia entre nós, eu tinha ficado mais interessado nela e mal via a hora de conhecê-la.

Um dos trabalhos voluntários que eu costumava fazer na igreja era ajeitar as salas de reunião para *workshops*, seminários etc. Recebi a incumbência dessa tarefa para o *workshop* da Dra. Crane e garanti que a cadeira dela ficasse ao lado da minha, caso, por algum motivo, ela precisasse se sentar. Acabou que ela precisou mesmo se sentar, e isso gerou a oportunidade de uma conversa breve que, surpreendentemente, levou a um encontro, alguns dias depois. Eba!

Considerando meus recursos extremamente parcos, eu sabia que tinha de planejar esse encontro com foco na frugalidade (alguns talvez usem a palavra "barato", mas eu prefiro "frugal"). Após meditar profundamente, bolei o que achei que seria um plano genial: ia pedir emprestada uma bicicleta de dois lugares que pertencia ao pessoal que morava comigo, e convidaria a Dra. Crane para um passeio romântico ao longo do calçadão de Huntington Beach. Como diz a música: "Daisy, Daisy, me responda, por favor... você ficará uma graça numa bicicleta com lugar para dois!". Por mais brilhante que me parecesse a ideia, ela tinha uma falha enorme – eu não tinha considerado a possibilidade de que a Dra. Crane talvez não estivesse interessada em se sentar atrás de mim e ficar vendo o meu bumbum sacolejar por uma hora ou mais durante nosso passeio pelo calçadão. De fato, mais tarde ela me contou: "Não é que eu não gostei do seu bumbum, que aliás é uma gracinha; mas eu preferiria muito mais uma conversa cara a cara". Lembre-se sempre disso, meu caro amigo. É sempre bom, num primeiro encontro, mostrar seu *melhor* ângulo.

Em vez disso, combinamos de tomar um café no Starbucks na semana seguinte. Até um encontro simples desses eu tive que me espremer para bancar. Ela é uma mulher muito graciosa, e não pareceu se importar muito com a minha situação de emprego e finanças, ou a falta destes; nós nos divertimos juntos.

Após uns três meses de encontros simples e econômicos, inclusive jantares na casa dela, ela me ligou e me convidou para uma festa de aniversário. Essa festa de aniversário para a qual ela tinha me convidado era nada menos do que a minha. Era o dia 16 de janeiro de 1996, meu aniversário de 49 anos. Eu informei a ela que meu velho calhambeque não estava funcionando e perguntei se ela podia me buscar onde eu morava. Ela disse que sim, claro, que seria um prazer. Foi aí que a alquimia da afirmação começou a acontecer muito rapidamente.

Eu estava pronto, no horário combinado, esperando por ela. Ela apareceu, claro, bem na hora, e adivinhe em que carro ela chegou? Pense na minha afirmação, quando eu falava sobre carros, e você acertará. Isso mesmo, ela chegou em um Mustang conversível! Era branco por fora e vermelho por dentro, em vez de vermelho com interior branco.

No entanto, talvez você se lembre de que mencionei que sou disléxico. Acho que isso explica a transposição.

No Mustang conversível dela, fomos até sua bela casa, com vista para um lago, cheia de belos móveis e objetos de arte. Trouxemos o amor e o riso; amigos e família não tinham sido convidados! Se essas últimas palavras soam familiares para você, mais uma vez peço que se lembre da minha afirmação.

Ao final desse dia mágico, ela não me ofereceu carona para casa. E eis que estou aqui até hoje!

A cereja no bolo de aniversário

Mais tarde, nesse mesmo mês, Patricia me convidou para viajar com ela para Barcelona, Espanha, para fazer uma meditação de cura em um grupo em que ela seria a facilitadora. Tive que dar meus pulos para arranjar o passaporte para poder viajar. Exceto por uma viagem para Tijuana, no México, e algumas excursões a mando do exército, eu nunca tinha saído dos Estados Unidos. Essa viagem, e o meu envolvimento com as palestras, contemplaram minha afirmação a tal ponto que, por meio dela, eu me tornei um "palestrante internacional qualificado e talentoso".

Passaram-se, desde então, mais de 25 anos. Somos casados e moramos em uma bela casa com vista panorâmica para o lago. Nossa casa é repleta de belos móveis e objetos de arte, amor, riso, amigos e familiares (às vezes), e temos todas as coisas de que precisamos e que desejamos. Levamos uma vida muito abençoada, alegre e gratificante, viajando pelo mundo, trabalhando juntos para ajudar as pessoas a terem uma vida melhor.

Então, o resumo da história é que, em pouco mais de seis meses desde que criei minha afirmação até ela ser realizada, minha experiência de vida passou de falido e sem teto para a versão, até então fictícia, dos meus sonhos. Nas palavras do Grande Criador: "Os seres humanos criam sua própria experiência de vida".

Algum dia, farei um pedido para uma estrela

Talvez você nunca tenha pensado na canção *Somewhere Over the Rainbow*, cantada por Judy Garland como Dorothy Gale, na versão cinematográfica de *O Mágico de Oz*, como uma afirmação, mas, olhando mais de perto, é bem disso que se trata.

Dorothy é uma menina órfã que mora com a tia Em e o tio Henry numa fazenda remota, seca e empoeirada nas planícies do Kansas. Dorothy não parece ser muito feliz ali, e seu cãozinho Totó está tendo problemas com a lei, pois andava perseguindo o gato da vizinha, a Srta. Gulch, e causando muita confusão. Em retaliação, a Srta. Gulch consegue um mandado para que o animal seja capturado e sacrificado, alegando que ele é uma fera perigosa. Dorothy pede ajuda à tia Em e ao tio Henry, mas os dois estão ocupados, sem tempo para ela. Quase sem esperanças, Dorothy recosta-se na roda de uma charrete, olha para o céu cinzento do Kansas e, com uma tristeza pungente, canta, com toda a emoção, seu maior desejo.

Ela canta com um anseio sofrido, sobre uma terra colorida da qual ela ouviu falar certa vez, em uma cantiga de ninar, e seu desejo de ir até lá algum dia. A afirmação mais poderosa nessa canção, que é quase uma oração, é "algum dia, farei um pedido para uma estrela, e acordarei onde as nuvens ficaram para trás / Onde *os problemas derretem feito gotas de suco de limão* (falarei sobre isso mais tarde), *bem acima das chaminés, é lá que você me encontrará*".

Na minha opinião, os desejos são a forma mais fraca de criação deliberada. Posso até ir adiante e dizer que eles são uma espécie de válvula de escape para os desiludidos. Preste atenção quando ouvir alguém dizendo que deseja alguma coisa. Repare que, quase sempre, existe um quê de desilusão no tom do desejo. Será que, mais comumente do que gostaríamos, desejar assim, à toa, não é um jeito de dizer adeus ao nosso sonho?

Devo salientar aqui, no entanto, o que acredito ser o verdadeiro valor de desejar e esperar por algo; esse é um ponto de partida quando a pessoa está desesperada, um trampolim para recomeçar. Pode ser difícil passar do desespero total para uma perspectiva positiva e brilhante. Podemos começar no desespero total e então dar o passo seguinte, com cuidado, rumo à esperança e à plenitude da esperança, o que traz um pouco de luz, revela novas possibilidades e ilumina probabilidades à medida que começamos a enxergar um futuro melhor.

A canção de Dorothy é motivada pelo desespero total e passa rapidamente para um pedido a uma estrela, momento em que ganha a energia que produz uma visão viva e vibrante, pintada com emoção no céu acima dela – uma afirmação poderosa!

Eis como um desejo é convertido em uma afirmação, e por favor preste muita atenção nisso, pois revela o poder alquímico da afirmação. O primeiro ingrediente nesse processo alquímico é a intensidade da *paixão* de Dorothy e sua crença absoluta de que, muito embora essa terra mística dos sonhos possa estar muito, muito longe, ela é absolutamente possível, e até provável, pois ao menos em sua imaginação a menina consegue de fato *ver* o arco-íris.

O segundo ingrediente é a *imaginação*. Se ela pode olhar além das nuvens do céu cinzento do Kansas e imaginar um arco-íris, ela pode, de modo relativamente fácil, criar a terra mágica que existe além dele. Lembre-se do que mencionei sobre as afirmações: quanto mais você puder enxergar, na sua imaginação, aquilo que está desejando, maiores são as chances de que seja manifestado. Quanto mais você se inserir totalmente nessa nova situação de vida, melhor. É por essa razão que arquitetos e construtores criam maquetes de seus projetos. Isso dá ao investidor a oportunidade de ver o sonho do projetista com mais nitidez. Se ele puder enxergar melhor a visão do projetista, é mais fácil que acredite no seu plano, e é mais provável que queira participar e ajudar a torná-lo uma realidade. Se você puder imaginar sua visão como se fosse a maquete de um arquiteto, e o Universo como seu investidor, já dá para começar a ver o poder que há nisso.

O último ingrediente é que Dorothy anuncia seu sonho para o mundo não apenas recitando palavras, mas também pintando um belo cenário de seu sonho na paisagem da vida com a voz apaixonada e sincera. Meu amigo, isso é alquimia. Quando você acertar na fórmula alquímica, com a quantidade exata de todos os ingredientes, poderá mover montanhas.

> "VOCÊ TEM SUAS CORES, VOCÊ TEM SEUS PINCÉIS, PINTE O PARAÍSO E ENTRE NELE."
>
> – NIKOS KAZANTZAKIS (PARAFRASEADO)

Vamos examinar a afirmação acima. O que você acha que são essas cores às quais o autor se refere? Uma dica: imaginação. A maioria das pessoas tem uma imaginação muito colorida. Temos pensamentos, ideias e sonhos diversos. Pense nessas imaginações como cores na paleta da sua mente.

Pincéis? Que tipo de pincéis precisamos ter para pintar nossas imaginações coloridas na tela da vida? Temos braços, mãos, pernas, pés e uma voz. Esses são os pincéis que usamos para levar a imaginação da nossa mente para a realidade. Nossos sonhos coloridos e aspirações não valem muita coisa para nós, nem para ninguém, se deixados na paleta da nossa mente. Eles precisam ser trazidos para o mundo por meio das ações do nosso corpo – expressando nossas habilidades, nossos talentos únicos.

Algumas pessoas aplicam suas cores com as pinceladas graciosas de sua voz em uma canção, uma poesia ou um discurso. Alguns pintam com as pernas e os pés na dança da vida. Outros usam dedos e mãos ao pintar com palavras, desenhos, criações e mais. De tempos em tempos, todos nós pintamos com as cores do coração, usando os pincéis que são nossos braços, ao abraçar quem amamos e o mundo ao nosso redor. Todos nós somos artistas talentosos, de um jeito ou de outro, com a habilidade para pintar um futuro melhor para nós e para o mundo.

Agora, é verdade que talvez nem todas as nossas criações serão tão lindas quanto tenhamos imaginado. Nesse caso, é bom saber que temos um suprimento interminável de cores, e que nossos pincéis estão sempre disponíveis. Se pintarmos algo de que não gostamos, simplesmente pintamos algo novo por cima.

Enquanto isso, lá no Kansas

As cores estonteantes de Dorothy são pintadas tão vivamente pela canção que os ventos da mudança começam a soprar, girando e girando sob a forma de um poderoso tornado. Como de costume, os ventos da mudança raramente pedem permissão; eles apenas vão aonde são direcionados. Como o grande dragão de uma terra misteriosa, esse poderoso redemoinho suga Dorothy, seu cãozinho Totó e toda a casa da fazenda para longe dali! Para a menina, esse é o começo de sua jornada do herói.

Capítulo 6

A JORNADA DO HERÓI

Comida para a jornada

Antes de mergulharmos de cabeça na exploração da Terra de Oz e todos os seus muitos mistérios, acho que será muito bom, para nós, olhar com mais atenção para a jornada do herói como descrita por Joseph Campbell. A jornada do herói é conhecida, também, como o monomito, um modelo padrão para histórias que envolve um herói que embarca em uma aventura, é vitorioso numa crise decisiva e volta para casa mudado ou transformado.

Este capítulo será a última fase de preparação e planejamento antes de partirmos para um retorno a Oz com nossos guias especializados, os sábios Dorothy de Oz e seu companheiro de sempre, Totó. Minha intenção, aqui, é verificar os diversos estágios da jornada do herói, seu propósito e como ela se aplica às aventuras de Dorothy. O mais importante é que analisaremos detalhadamente o que tudo isso pode revelar sobre a jornada do herói de cada um ao longo da vida.

Heróis e heroínas

Embora o termo "herói" seja aplicado ao gênero masculino, enquanto "heroína" refere-se ao gênero feminino dos atos heroicos, usaremos o termo "herói" para representar os dois gêneros, considerando que vamos explorar o "poder heroico" de homens e mulheres.

A jornada do herói é, essencialmente, um modelo de como uma história poderosa se desenvolve e acontece. Ela dá uma trilha para leitores e escritores seguirem quando trabalham com uma história de herói. Alguns exemplos de histórias de jornada do herói são *Guerra nas estrelas*, *Indiana Jones*, *Cinderela*, *O Mágico de Oz*, e muitos outros mitos, histórias e contos de fada, antigos ou modernos. A intenção primária do monomito é ajudar os escritores de ficção a criar obras que cativem o público. No entanto, pretendo usar os mesmos padrões para que possamos entender mais sobre a nossa vida e, especificamente, como e por que ela se desenrola dessa maneira. Para nosso propósito, trabalharemos com um modelo de onze estágios na jornada do herói, delineados brevemente logo abaixo.

No capítulo três, mencionei que, segundo Campbell, para que o herói receba o "chamado da aventura", ele precisa ser órfão. Além disso, expliquei que todos nós podemos ser vistos como órfãos, por causa de nossa aparente separação do Criador. Temos aqui alguns exemplos de heróis órfãos: Branca de Neve, Cinderela, Luke Skywalker, Dorothy Gale, Rick Nichols e você.

A jornada do herói

"UM HERÓI VINDO DO MUNDO COTIDIANO SE AVENTURA NUMA REGIÃO DE PRODÍGIOS SOBRENATURAIS; ALI ENCONTRA FABULOSAS FORÇAS E OBTÉM UMA VITÓRIA DECISIVA; O HERÓI RETORNA DE SUA MISTERIOSA AVENTURA COM O PODER DE TRAZER BENEFÍCIOS AOS SEUS SEMELHANTES."

– JOSEPH CAMPBELL, *O HERÓI DE MIL FACES*

A ESTRUTURA DE MONOMITO DE JOSEPH CAMPBELL APLICADA À HISTÓRIA DE *O MÁGICO DE OZ*

Estágio 1 – Nascimento

Cada jornada de herói é diferente. Circunstâncias únicas em torno da concepção, do nascimento e da infância do herói determinam os desafios que precisam ser enfrentados e superados.

Dorothy é uma menina órfã que mora com a tia e o tio numa fazenda remota no Kansas. Tia Em e tio Henry estão sempre muito ocupados com a fazenda e não têm tempo para ela. O único amigo de Dorothy é seu cãozinho Totó.

Estágio 2 – Chamado da aventura

O herói é chamado para a aventura por algum evento ou mensageiro externo. Ele precisa aceitar o chamado de boa vontade ou com relutância.

Totó morde a vizinha, Srta. Gulch, no tornozelo. A Srta. Gulch arranja um mandado para que o xerife prenda e sacrifique o cãozinho. Dorothy enfrenta a grande possibilidade de perder Totó. Incapaz de fazer com que alguém entenda ou ajude, ela imagina um lugar melhor "onde os problemas derretem feito gotas de suco de limão", e, então, foge de casa com Totó em busca desse belo lugar.

Estágio 3 – Ajudantes/amuletos

Durante os estágios iniciais da jornada, o herói em geral recebe ajuda de uma figura protetora. Esse ajudante sobrenatural pode ter uma variedade de formas, como um mago, um ancião, um anão, uma velhinha ou uma fada madrinha. O ajudante costuma dar ao herói um amuleto protetor ou uma arma para a jornada.

Dorothy logo encontra um senhorzinho gentil, porém esquisito, o Professor Marvel, um vidente charlatão. Ao descobrir que Dorothy está fugindo de casa, ele a convida para se sentar na carruagem, enquanto consulta um cristal (uma bola de cristal). "O mesmo cristal genuíno, mágico, autêntico, usado pelos sacerdotes de Ísis e Osíris nos tempos dos faraós do Egito", ele alega. No cristal, o professor alega ver tia Em tendo um ataque do coração (simbolicamente, o coração partido). Ele diz a Dorothy que a tia Em a ama e precisa dela. Dorothy volta correndo para casa, para ficar com a tia Em e o tio Henry.

Estágio 4 – Cruzando o limiar

Ao chegar à fronteira da aventura, o herói precisa passar por alguma provação para atravessar do mundo do cotidiano para o mundo da aventura. Esse teste pode ser indolor, como entrar em uma caverna escura, ou violento, como ser engolido por uma baleia. O traço crucial é o contraste entre o mundo conhecido, da luz, e o mundo da aventura, sombrio e desconhecido.

Dorothy chega em casa pouco antes do início de um tornado. A família já está protegida, a salvo, no celeiro. Sem conseguir entrar no celeiro, Dorothy e Totó buscam refúgio na casa. O tornado passa pela casa, ergue-a violentamente e a carrega com tudo ali dentro, para a Terra de Oz, onde aterrissa, matando a Bruxa Má do Leste. Dorothy está em sérios apuros! "Totó, tenho a sensação de que não estamos mais no Kansas."

Estágio 5 – Testes

O herói viaja pelo onírico mundo da aventura, no qual precisa passar por uma série de testes. Esses testes são, em geral, encontros impetuosos com monstros, feiticeiros, guerreiros e forças da natureza. Saindo-se bem-sucedido de cada teste, o herói vai provando sua habilidade e conduz a jornada rumo ao clímax.

Dorothy encontra a Bruxa Má, macacos voadores, guardas winkie e o Mágico, que ordena à menina e à sua trupe: "Tragam-me a vassoura da Bruxa Má do Oeste!", para provarem seu valor.

Estágio 6 – Ajudantes

Na jornada, o herói quase sempre tem um companheiro que o ajuda em uma série de testes e costuma atuar como um fiel escudeiro. Alternativamente, o herói pode encontrar um ajudante sobrenatural no mundo da aventura que cumpre essa função.

Glinda, a Bruxa Boa do Norte, é a "ajudante sobrenatural". Ela dá os sapatinhos de rubi a Dorothy, para que esta faça uma boa viagem, e toma conta da menina durante todo o trajeto; ela representa o amor que guia a menina para casa.

Estágio 7 – Clímax/batalha final

O momento crítico na jornada do herói costuma ter uma batalha final com um monstro, um mago ou um guerreiro, possibilitando a resolução da aventura.

Dorothy é capturada e aprisionada pela Bruxa Má, que planeja matá-la para tirar os sapatinhos vermelhos dos pés dela. Os companheiros de Dorothy vêm para o resgate e precisam enfrentar, na batalha, os winkies, os macacos e a própria Bruxa. A Bruxa ateia fogo ao Espantalho, Dorothy apaga o fogo com um balde de água e a água espirra na Bruxa, que derrete.

Estágio 8 – A fuga

Após concluir a missão, o herói precisa retornar ao limiar da aventura e se preparar para o retorno ao mundo cotidiano. Se o herói tiver provocado a ira das forças opostas por roubar o elixir ou matar um monstro poderoso, o retorno pode tomar a forma de uma fuga às pressas. Se o herói recebeu de graça a poção, a fuga pode ser um estágio benigno da jornada.

Os macacos voadores e os guardas winkie eram prisioneiros da Bruxa Má, e, com a morte dela, tendo recobrado seu reino, entregam a vassoura de bom grado. A viagem de volta para a Cidade das Esmeraldas será tranquila.

Estágio 9 – A reparação

O último teste para o herói ocorre neste estágio. É uma revelação súbita, uma mudança dramática na maneira como o herói pensa ou enxerga a vida. A reparação é um grande momento de descoberta por meio do qual o herói se torna *um* com seu eu recém-descoberto. Se passar com sucesso por esse estágio, o herói "renascerá" por completo; do contrário, talvez nunca mais possa voltar para casa.

A dificuldade final de Dorothy é convencer o Mágico a cumprir as promessas dele e garantir os desejos dela. O que ela não sabia era que o Mágico não tinha poderes para cumprir promessa nenhuma.

Estágio 10 – O retorno

Mais uma vez, o herói atravessa o limiar da aventura e retorna para o mundo cotidiano, da luz. O retorno costuma tomar a forma de um acordar, um renascer, uma ressurreição, ou simplesmente emergir de uma caverna ou floresta. Às vezes, o herói é arrancado do mundo da aventura por uma força que vem do mundo da luz do dia, mas, no caso de Dorothy, foi assim que ela chegou a Oz, e essa força não está disponível para ela agora; será uma força muito mais gentil que a transportará para casa.

Bata os calcanhares um no outro três vezes e diga: "Não há lugar como o nosso lar"...

Estágio 11 – A dádiva

O objeto, o conhecimento ou a bênção que o herói obteve durante a aventura passa a ser usado no mundo cotidiano. Costuma ter função restauradora ou curativa, mas serve também para definir o papel do herói na sociedade.

> *A bênção que Dorothy recebe como recompensa por passar pelas provações e os desafios em sua jornada pela Terra de Oz é poderosa! Muito embora o Mágico não tenha noção disso, foi ele quem concedeu esse dom excepcional. Você ficará impressionado com a simplicidade e o poder tremendo que essa dádiva exerce na transformação de Dorothy e na do mundo inteiro.*

O Grande Autor tinha algo a dizer

Depois que L. Frank Baum publicou *O maravilhoso mágico de Oz*, no ano de 1900, um jornalista lhe perguntou se havia algum significado escondido na história. Ele respondeu que não havia nenhum; era apenas um simples conto de fadas para as crianças apreciarem. Depois que o filme fez um sucesso tremendo e as pessoas começaram a captar as imagens por baixo da superfície, fizeram a Baum a mesma pergunta, e dessa vez ele respondeu assim: "Não sei, vai ver o Grande Autor tinha algo a dizer e apenas me usou como instrumento disponível".

Muitos fios cruciais que ainda não foram descobertos perpassam a tapeçaria de Oz. Já li o livro diversas vezes, e nunca me canso do filme de 1939, feito pela MGM. Ao longo de muitos anos assistindo ao filme, quase sempre uma nova revelação se encaminhava misteriosamente para a minha consciência; isso foi e continua sendo uma aventura muito empolgante.

Sua jornada começa aqui

Farei uma pausa, aqui, para preparar o cenário antes de começarmos nossa jornada do herói. Não pretendo recontar a história de *O Mágico de Oz*. Minha intenção é que você e eu façamos a viagem com Dorothy de uma maneira muito íntima e pessoal. Com isso, quero que vivenciemos a aventura como se fôssemos um só com Dorothy. O que está acontecendo com Dorothy é um reflexo do que está acontecendo conosco. Quanto mais pudermos nos identificar com ela, mais descobriremos sobre nós mesmos ao longo dessa aventura.

Lembre-se de que o propósito da jornada do herói é nos retirar do nosso mundo normal para um estranho mundo sobrenatural, para obtermos um *insight* valioso e trazê-lo para nossa vida cotidiana. Ao viajar pela Terra de Oz "como" Dorothy, nós teremos a oportunidade de ver e tatear o caminho percorrido nessa perigosa aventura, como se fosse nossa.

Providenciarei todo o equipamento e a orientação para que você faça uma viagem segura e recompensadora nessa terra mística. Você só precisa de disposição para ter a mente aberta, o coração aberto, e se manter firme e determinado a alcançar a meta. Que meta é essa? Sim, meu caro leitor, existe uma meta, e ela é muito maior do que apenas fazer uma leitura interessante e satisfatória.

Uma jornada para o interior

A jornada de Dorothy não é externa; é uma jornada interna de autodescoberta. A Terra de Oz e tudo ali dentro representam o mundo interior de Dorothy. Muito do estranho mundo interior de Dorothy, como veremos, está em conflito e é até disfuncional. Ademais, imagino que, se avaliarmos mais de perto nosso mundo interior, é bem provável que descubramos que nós também, em maior ou menor grau, temos áreas em conflito e que são até disfuncionais. Todos temos algum tipo de mágoa. Nosso objetivo, nesta jornada, é curar essa mágoa que sentimos no corpo físico, no mental e no espiritual. Então, como podemos fazer isso? Precisamos descobrir a natureza do dano e depois perdoá-lo e aceitá-lo como ele é, e nos despojar da necessidade de que isso mude. A partir daí, podemos aprender a nos amar, mesmo com essa mágoa. É nisso que se encontra o milagre que dissolve a pedra que tem bloqueado o acesso para a câmara que contém nossos tesouros mais valiosos. Portanto, qual exatamente é o tesouro que estamos buscando indiretamente, por meio de Dorothy?

O Santo Graal

O Santo Graal já foi definido de muitas formas em mitos, lendas e pela religião, e todos esses pontos de vista têm seu valor. Não discutirei quais são esses diversos pontos de vista, e ficarei com o aspecto essencial das histórias do Graal – o quão inestimável é esse tesouro tão cobiçado. Seja qual for a maneira como ele é apresentado nas diversas histórias, existe uma constante: ele é sempre o prêmio último que pode ser obtido.

Então, se você estiver disposto, junte-se a Dorothy e a mim nas arenosas planícies do Kansas, onde começa a nossa jornada. Se você puder ficar próximo e alerta, prometo que nossa expedição não somente revelará os segredos de Oz e as maravilhas de Dorothy, como também, e o mais importante, o *nosso* segredo escondido, que é nada mais, nada menos que o Santo Graal.

Capítulo 7

A SOMBRA

Olá a todos! Bem-vindos à terra sagrada do oeste do Kansas!

O oeste do Kansas será nosso acampamento, agora que nos preparamos para nossa jornada do herói, além do arco-íris e através de perigosas nuvens, rumo à estrela brilhante e colorida conhecida como Oz. Investigaremos muitas coisas misteriosas nessa aventura. Passando por trilhas douradas sobre campos e florestas, por entre belas flores silvestres, seguiremos em busca de uma reluzente cidade feita de esmeraldas, na qual esperamos que nossos sonhos mais queridos nos sejam concedidos. Faremos amizade com os personagens mais esquisitos, e os convidaremos para juntos explorarmos os recônditos de nosso coração, nossa mente e nossas crenças. Os relacionamentos que desenvolveremos serão profundos e duradouros.

Rumo às estrelas, em meio às dificuldades

Como afirmado anteriormente, o propósito dessa jornada do herói é enxergar além do panorama visível para descobrir que maravilhas aguardam para serem descobertas. Para esse fim, começaremos com o nome "Dorothy". Esse nome vem do grego e tem o significado de "presente de Deus", portanto, com Dorothy no comando, sabemos que estamos em boas mãos – as mãos de Deus, pode-se dizer. A propósito, muito embora nosso nome não seja "Dorothy", vejo todos nós como presentes de Deus. O sobrenome de Dorothy é Gale, que, quando escrito dessa forma (como aparece no roteiro do filme), refere-se a um vento forte.

É interessante, também, notar que o lema do grande estado do Kansas é "Ad Astra per Aspera", que em latim significa: "Rumo às estrelas, em meio às dificuldades". Então, pelo menos simbolicamente, poderíamos dizer que estamos prestes a ser entregues aos céus, atravessando nossas dificuldades, nas mãos de Deus. Eu, por exemplo, fico muito tranquilo com essa ideia, então vou em frente. Sinta-se à vontade para entender isso do jeito que preferir; o mais importante, no entanto, é que você fique conosco ao longo da jornada.

Estamos chegando!

Tendo aceitado o chamado da aventura e atravessado a fronteira de um novo mundo, chegamos a uma pequena fazenda nas planícies empoeiradas do Kansas. Esse cenário é mostrado no livro de modo muito diferente do que no filme. No livro, L. Frank Baum descreve uma casa muito modesta em uma fazenda quase totalmente árida, ocupada por somente três pessoas: tia Em, tio Henry e uma garotinha órfã chamada Dorothy. Como Baum descreve, o único amigo de Dorothy é "um cãozinho preto com longos pelos sedosos". O cãozinho de Dorothy se chama Totó, palavra que é derivada do latim e significa "totalidade"; portanto, o nome pode ser interpretado como "total" ou "completo". Considerando que Totó é a única alegria que Dorothy tem em sua vida na fazenda, podemos dizer que Totó completa Dorothy, ou que Totó e Dorothy, juntos, são uma totalidade inseparável.

Tia Em e tio Henry são idosos, estão cansados e angustiados após tentar produzir na fazenda durante o Dust Bowl, um período de grande seca no Kansas; qualquer alegria que algum dia tiveram na vida, eles já não têm mais. Nunca houve crianças na fazenda, por isso eles não sabem como lidar com essa menina órfã, que ri e brinca com o cachorro. Baum até menciona que, sempre que Dorothy ri ou dá um gritinho de empolgação, tia Em solta uma exclamação e leva a mão ao peito, como se isso fosse lhe causar um ataque do coração. Com essa descrição, fica fácil entender por que Dorothy fica de coração partido. Embora não saibamos como a menina ficou órfã, é certo dizer que ela anseia muito pelo amor e carinho que teria recebido de seus pais naturais.

O livro não menciona uma senhora ranzinza chamada Srta. Gulch, que vive ali perto, com o gato e um jardim bem cuidado. Não há incidentes envolvendo uma mordida de cachorro, a ordem do xerife para sacrificar o "animal perigoso", nem o drama familiar que resulta desses eventos. Faltam também, na descrição do livro, Huck, Zeke e Hickory, os três peões da fazenda que aparecem em Oz como, respectivamente, o Espantalho, o Homem de Lata e o Leão Covarde. E não se menciona o bondoso charlatão conhecido como Professor Marvel, que mais tarde será o Mágico na Terra de Oz. Esses personagens e eventos adicionais foram todos criados, com brilhantismo, pelos roteiristas do filme, e, como você logo verá, serão de muita utilidade para nós em nossa busca pelo Santo Graal.

Inicialmente, vou me referir ao filme de 1939 da MGM, e não ao livro da virada do século, porque, nos tempos de hoje, a maioria das pessoas só conhece mesmo o filme. Entretanto, acredito que o livro e o filme se complementam brilhantemente de muitas formas. Por isso, ocasionalmente, trarei pequenas porções saborosas das minhas páginas carcomidas do trabalho original de Baum; isso certamente aprofundará nossa experiência.

O dom de Deus

Dorothy e Totó estão voltando a pé da escola; vamos nos juntar a eles. Quando digo "nos juntar a eles", é no sentido mais literal. Ao vivermos essa aventura, seria melhor se fizéssemos o possível para nos enxergar como se fôssemos um com Dorothy e Totó, "em totalidade". Desse jeito, talvez possamos ver e sentir a maravilha que a história tem com mais clareza, como se a história fosse nossa – pois, de fato, ela é.

Parece que Totó vai e volta da escola todos os dias com a Dorothy. Embora a vizinhança de Dorothy não seja nem um pouco habitada, existe uma elegante residência vitoriana pela qual eles passam: essa é a casa da "mulher mais rica do condado", a Srta. Gulch. Na pequena e impecável fazenda dela, há um pequeno e impecável jardim. Às vezes, o gato da Srta. Gulch é visto brincando e caçando borboletas no jardim. Quando Totó vê o gato correndo pelo jardim, quase sempre é instigado a correr atrás do bichano; é o instinto dele. Afinal, nasceu para correr atrás dos gatos! Parece que a Srta. Gulch costumava sempre dizer a Dorothy que não deixasse o cãozinho entrar no jardim, e que ele ficasse longe do gato dela. Dorothy já havia repreendido Totó seriamente por causa dessa transgressão, mas pelo visto ele não consegue resistir à compulsão.

Então chega o dia fatídico em que a Srta. Gulch resolve colocar um basta nesses ataques que ocorrem em sua fazenda. Para defender sua casa e seu felino, ela persegue Totó e o acerta nas costas com um ancinho. Pois bem, Totó, sentindo-se violado e ferido, contra-ataca mordendo o tornozelo da idosa. A Srta. Gulch, por sua vez, sente-se violada e revida, ordenando ao xerife que emita um mandado para capturar e sacrificar o bichinho. O xerife, agente eleito, considera a influência da Srta. Gulch, levando em conta a grande riqueza dela, bem como sua promessa e seu dever de proteger a sociedade. Há muita coisa em risco aqui, pessoal e profissionalmente, então ele concede o mandado e a ordem para sacrificar o cãozinho, sem mais investigações. A Srta. Gulch, então, aparece na casa de Dorothy, entrega o mandado de prisão e agarra Totó, aparentemente sem ter compaixão ou preocupação com a dor e o sofrimento que isso causará.

Como começam as guerras

Vamos parar um pouco para mergulhar no drama que acabei de descrever. Totó parece ter *violado* os direitos da Srta. Gulch ao invadir o jardim dela e perturbar o seu gato. Tendo sido violada, a Srta. Gulch sente a necessidade de *retaliação* e, portanto, *contra-ataca* o cãozinho. Totó, tendo sido atingido pelo ancinho da Srta. Gulch, sente-se violado e, portanto, reage e *contra-ataca* mordendo o tornozelo da Srta. Gulch. A Srta. Gulch, tendo sofrido um "ferimento quase mortal em combate", *contra-ataca*, exigindo que o xerife dê cabo do cachorro. Para proteger o emprego, o xerife concede à Srta. Gulch o que ela exige, sem uma investigação, sem se esforçar para mediar uma solução mais compassiva.

A sequência de eventos que acabei de descrever é uma verdadeira receita para a guerra: a sensação de que a pessoa foi violada (é muito comum que essa "violação" não seja nada mais do que querer que o outro pense como nós pensamos). Uma vez sentindo-se violada, a pessoa tende a ter uma necessidade de retaliar e de se defender.

NOTA IMPORTANTE:
UMA DEFESA É SEMPRE, SEMPRE,
SEMPRE UM ATAQUE!

Por favor, caro amigo, lembre-se: defender-se é atacar – sempre –, ainda que a pessoa que foi inicialmente "violada" sinta que está fazendo um "contra-ataque" justificado. Afinal, "foi você que começou, e eu estou certo, você está errado; além disso, vou defender meu direito de estar certo até o fim!". Se pararmos para pensar por um momento, entenderemos que existe muito pouco – se é que existe – valor em estar certo, enquanto estar em paz é inestimável. Olhando por essa perspectiva, talvez seja muito mais fácil largar a necessidade de estar certo e permitir que a paz entre na nossa vida.

Pense bem: observe as guerras que estão sendo travadas agora mesmo no mundo, e você logo verá que praticamente todas são sobre pessoas insistindo que sabem a "verdade". Pior que isso, elas estão dispostas a matar para defender essa verdade. Como disse o famoso escritor e professor espiritual Deepak Chopra: "Caminhe ao lado daqueles que estão buscando a verdade; fuja de qualquer um que acredite que a conhece". Por quê? Porque na busca podemos nos movimentar livremente. Uma vez que sentimos ter descoberto a verdade, existe o perigo real de nos aprisionarmos dentro das suas estruturas rígidas. Quando achamos que sabemos a verdade, é possível que nos sintamos forçados a proteger essa nossa verdade construindo muros em volta de nós e da nossa verdade, para que ninguém possa entrar. Entretanto, quase todas elas não passam de crenças pessoais. Portanto, quando dizemos algo como "Deixe-me falar a verdade sobre isso...", o que estamos fazendo, de fato, é oferecer a nossa opinião sobre essa coisa – e é realmente muito útil entender a enorme diferença entre uma crença (opinião) e uma verdade, se quisermos levar uma vida pacífica e feliz.

Quem é o culpado?

Onde você acha que fica a nascente desse pequeno filete de conflito que se tornou um rio raivoso? Quem você acha que é o criador, o autor, o diretor e o ator principal nessa perigosa batalha para ver quem está certo? Seria Totó, por ter atacado brutalmente a Srta. Gulch? Ou seria a Srta. Gulch, por acertar Totó com o ancinho? O gato, por provocar Totó? Talvez seja o xerife, por não se dispor a investigar o "crime". Talvez sejam a tia Em e o tio Henry, por não oferecerem a Dorothy o amor que ela deseja.

Ou, então, será possível que Dorothy seja a culpada aqui? Dorothy estava ciente do problema que seria Totó entrar no jardim da Srta. Gulch? Sim, ela foi avisada disso várias vezes. Você acha que ela poderia ter evitado essa situação, colocando uma coleira no Totó, pelo menos quando passassem pela fazenda da Srta. Gulch? Sim, e também era possível carregá-lo pelo caminho todo ou treiná-lo para ficar bem perto dela.

A sombra escondida de Dorothy

Após considerar todas as evidências, acho que podemos concluir, com certeza, que Dorothy poderia facilmente ser considerada culpada de provocar a Srta. Gulch, por permitir que Totó a incomodasse. Qual poderia ser o motivo dela para colocar Totó, seu melhor amigo, em risco? Primeiro, ela não tem intenção de colocar Totó em risco. Isso é apenas uma consequência das atitudes dela. A verdadeira motivação vem da mente inconsciente de Dorothy, que abriga (como ocorre conosco) sistemas de crenças dos quais ela não está ciente.

É provável que Dorothy acredite, inconscientemente, que é uma vítima da vida. Como órfã, talvez pense que os pais "a abandonaram" nas planícies tristonhas e empoeiradas do Kansas, onde todos, exceto Totó, basicamente a ignoram. Mesmo sem perceber, Dorothy deve estar com raiva de Deus, dos pais ou do Universo, porque todos a exilaram nessa vida enfadonha e solitária. Logo podemos ver como qualquer um de nós se sentiria: de coração partido, com medo e sem a menor ideia do que fazer para sair desse dilema.

Todos temos um lado de sombra no qual escondemos de nós mesmos coisas de que não gostamos. Toda vez que nos dizem "você não é bom o bastante", "você não é inteligente o bastante", "você não tem o que é necessário, nunca faz nada direito", nossa autoestima se esconde ainda mais. Uma autoestima forte nos dá a confiança de que precisamos para enfrentar o mundo com ousadia. No entanto, quando nossa autoestima é ferida, tendemos a recuar diante do mundo. Ninguém quer que o mundo todo conheça suas falhas, vulnerabilidades e fraquezas, sejam elas reais ou imaginárias. Por isso, nós as escondemos em uma "sacola escura" chamada sombra, que pode ser expandida infinitamente; e quanto mais desafiadora for nossa infância, maior é a sombra. Consequentemente, conforme nos desenvolvemos e amadurecemos, podemos nos flagrar carregando por aí um fardo enorme de culpas, vergonhas e pecados assumidos. Minha nossa!

Anatomia de um sistema de crença transparente

Eu caminhava pela praia em Huntington Beach no finzinho de uma tarde de verão, e parei para observar o pôr do sol. Um homem que vinha na minha direção, usando um boné de beisebol com os dizeres "Huntington Beach, Surf City USA", parou ao meu lado, olhou para mim e fez uma pergunta simples: "Você é de Huntington Beach?". Respondi que sim, e ele disse: "Ah, que bom, então você precisa de um boné!".

Depois que fez esse comentário para lá de esquisito, ele tirou o boné da cabeça e, em um movimento só, sem aviso, meteu-o na minha. No mesmo instante fui tomado por medo e raiva! Que direito ele tinha de pôr o boné na minha cabeça sem permissão? Eu não sabia se fugia ou atacava. Então respirei fundo e me acalmei, percebendo que ele havia oferecido o boné num gesto de gentileza. Acho que ele me viu com os olhos quase fechados, olhando para o sol, e pensou que a aba ajudaria a proteger meus olhos da luz. Eu lhe agradeci e continuei minha caminhada, mas tirei o boné o mais rápido que pude.

"De onde raios veio aquela reação?", perguntei para alguma entidade invisível. "Por que eu reagiria com tanta veemência ao ganhar um boné de presente?" Levei o boné para casa e guardei, mas continuei preocupado com essa reação tão extrema e raivosa que tive diante de um ato de gentileza. Cerca de três dias depois, enquanto me ajeitava na cama, à noite, uma imagem de um passado distante se embrenhou na minha mente. Quando estava na escola, na primeira série, fui entregar um comunicado da diretoria para minha mãe – a carta informava que havia uma epidemia de piolho e micose na escola, e pedia aos pais que alertassem os filhos para não usar uma escova ou um pente que pertencesse a outra pessoa, e nunca, jamais, usar o boné de alguém, pois isso poderia espalhar a doença. Minha mãe deixou muito claro, para minha irmã e para mim, que jamais deveríamos usar uma escova, um pente ou um boné que pertencesse a outra pessoa, pois havia insetinhos nojentos escondidos ali dentro que poderiam deixar a família inteira doente. Acreditei totalmente em tudo que minha mãe disse, e até hoje essa lição permanece dentro de mim, muito embora eu não tenha problema algum, agora, em usar qualquer coisa dos outros se for preciso. Adoro essa historinha, porque ela ilustra bem o poder de crenças transparentes e como elas funcionam. Embora essa crença específica tivesse ficado escondida, quietinha, num canto da minha sombra, por todos esses anos, ela se apresentou com toda a força quando fui subitamente "vitimizado" por um homem que colocou o boné dele na minha cabeça. Reconhecer essa crença explicou muito, para mim, sobre por que sempre fiquei incomodado ao lidar com o boné, uma escova ou um pente de outra pessoa. A história ilustra com clareza, os perigos das crenças inconscientes. Muito embora essa crença fosse relativamente benigna – porque não faz muita diferença se me disponho a usar um boné, uma escova ou um pente de outra pessoa –, esse reconhecimento abriu portas para outras crenças transparentes mais inibidoras. Encarei isso como um alerta, e fiz disso um compromisso: buscar outras crenças na sombra que poderiam estar quietas, à espreita, ali no escuro. Cavando fundo, descobri uma caixa de Pandora cheia de crenças negativas errôneas e feias sobre a vida, incluindo mulheres, homens, sexo, casamento, instrução, dinheiro, religião, filhos, sobre mim, e muito, muito mais. Essa pequena exploração do meu interior obscuro respondeu muitas perguntas sobre alguns dos comportamentos "disfuncionais" que exibi ao longo da vida.

O mundo da sombra de Dorothy

A passagem de Dorothy pela Terra de Oz não é uma jornada externa, ao contrário, é uma jornada interna de autodescoberta. As energias do Universo divino funcionam de maneiras muito misteriosas. Talvez a gente nunca saiba ou entenda por completo por que precisamos sofrer a dor ou o medo da escuridão nesse caminho rumo à graça da luz. Uma sombra não pode existir a não ser que tenha sido erguida uma estrutura que bloqueia a luz das coisas ao redor. Se quisermos ser iluminados novamente, precisamos descobrir as barreiras que construímos contra a luz e reivindicar o direito de sermos livres, sem ter que pedir desculpas por sermos quem de fato somos.

Capítulo 8

OS VENTOS DA MUDANÇA

Este capítulo é intitulado "Os ventos da mudança" porque esse é o ponto em que ventos inesperados, poderosos e violentos mudam permanentemente a vida do nosso herói. Todos nós vivenciamos os ventos da mudança em vários momentos da vida; alguns são meras brisas gentis, mas capazes de nos carregar por longas "distâncias" em um instante, para novas paisagens que precisamos explorar, como a brisa bela e perfumada de se apaixonar subitamente. Se você alguma vez vivenciou o amor à primeira vista, por um objeto ou por um ser (pessoa ou animal), sabe do que estou falando. No extremo oposto, existem os ventos de tempestade, que podem, sem aviso, aparecer do nada e nos arrancar de nossa fundação. Seja a brisa gentil do amor inesperado, seja o vento violento de um tornado, teremos que mergulhar fundo em nós mesmos para descobrir os recursos interiores necessários para sobreviver.

Chegada ao portão do templo

Ventos poderosos nos arrancaram de nossas raízes e nos transportaram, querendo ou não, até o limiar de um "templo" há muito perdido. Ele esconde um tesouro que, se usado com sabedoria, tem a capacidade de salvar o planeta. Desde nosso nascimento, esse tesouro fica nos chamando com seu canto lamurioso: "Estou aqui, estou aqui, estou aqui". Uma antiga lembrança nos diz que esse tesouro está escondido dentro das passagens mais profundas e obscuras, debaixo do piso do templo. Agora, finalmente, encontramo-nos nos degraus do templo, tremendo diante do poder das forças que protegem o portão.

Em nosso mundo, a entrada de muitos templos é guardada por um ou mais guardiões – divindades ou espíritos que são patronos ou protetores de uma pessoa, um lugar ou uma coisa. As estátuas que representam os guardiões podem variar de figuras ferozes e agourentas, como as gárgulas e os dragões, para adoráveis e protetoras, como anjos e santos. O mais importante que elas têm em comum é que são protetoras, de alguma maneira.

O limiar do nosso templo

Após girar por um bom tempo, a casa dos Gale finalmente pousa, com um grande baque, e de repente tudo fica quieto. Nós nos levantamos da cama e vamos sorrateiramente até a porta, para ver em que condição se encontra a fazenda, e, para nosso espanto, vemos apenas cores, flores e beleza em todo canto para onde olhamos; obviamente, não estamos mais no Kansas. Saímos da casa para explorar esse território desconhecido, e então vemos o céu, e, mais uma vez, para nosso espanto, uma bolha cor-de-rosa vem flutuando na nossa direção. A bolha se aproxima e estoura; *splash*, de lá de dentro sai a primeira pessoa que conhecemos na alegre Terra de Oz: Glinda, a Bruxa Boa do Norte.

Glinda explica que as pessoinhas dessa terra estão em polvorosa, pois, quando nossa casa pousou, ela matou uma bruxa má que as manteve em cativeiro por muitas gerações. Estranhas pessoas pequeninas saem de todo canto; elas riem, contentes, e dançam, alegres, comemorando a liberdade que acabam de conquistar.

De repente, a comemoração é interrompida por uma estrondosa explosão, com fogo e fumaça enchendo o ar! A fumaça se dispersa, revelando uma figura obscura e irritada que sacode uma vassoura de palha: uma bruxa má e velha, toda vestida de preto. "Quem matou minha irmã?", ela berra. "Foi você?"

Nós – você, eu e Dorothy – estamos, agora, diante da entrada de um templo sagrado – o mesmo cuja lembrança andou nos chamando. O templo em que estamos prestes a entrar é um lugar que estivemos evitando por toda a vida. Temos uma sensação terrível de que algo muito perigoso, obscuro e feio se esconde nas profundezas, debaixo do piso do templo. As salas do andar térreo do templo são lindamente decoradas e tão iluminadas, arrumadas e acolhedoras que ficamos até desconfiados; mas o que é esse cheiro que vem lá de baixo? Seria interessante, aqui, lembrar o aviso de Joseph Campbell no início de nossa jornada: "A caverna em que você teme entrar contém o tesouro que você busca". Cuidado, meu caro, pois não estamos entrando na Terra de Oz; estamos entrando da Terra de Nós!

Desmembrados

Os ventos da mudança que nos trouxeram até esse ponto estavam tão fortes que fomos rasgados, desmembrados! Há pedaços nossos espalhados por toda a terra. Será preciso procurar e encontrar esses pedaços, e quando os encontrarmos, precisaremos remendar qualquer dano feito a eles. No fim, descobriremos nosso grande tesouro e, ao fazer isso, dissolveremos a fonte do medo que nos manteve presos a vida inteira.

Quando começamos, estamos entre uma dupla de guardiões que representam energias extremamente polarizadas – um local muito confortável. À nossa direita, temos aquela conhecida como a Bruxa Má do Oeste, jurando em termos claros que está aqui por vingança: "Vou pegar você, queridinha, e seu cãozinho também!". Temos Glinda, a Bruxa Boa do Norte, que parece oferecer um pouco mais de compaixão, à nossa esquerda.

Intuitivamente, percebemos que devemos agir com o maior cuidado, a maior diplomacia. Devemos tratar as duas energias com o maior respeito. Mostrar favoritismo para uma em detrimento da outra, a essa altura, poderia trazer consequências terríveis. Dorothy, nossa líder, tenta defender sua honra, mas logo se lembra de que se defender é atacar, e atacar esse poder do mal poderia ser um erro imenso. Portanto, ela apenas pede desculpas, explicando que foi tudo um acidente.

Eis nosso dilema. Nossa chegada causou a morte daquela que era conhecida como a Bruxa Má do Leste. Some a isso o fato aterrorizante de que fomos acusados de fazer bruxaria, pois somos responsáveis pela morte de uma; "Na Terra de Oz, somente uma bruxa pode matar outra bruxa", afirma Glinda, a Bruxa Boa do Norte. Minha nossa, estamos em grandes apuros: as planícies obscuras, cinzentas e entediantes do Kansas subitamente nos parecem um lugar ótimo para ficar. Mas o que nos levará para casa?

Bruxa Boa ou Bruxa Má?

Costumam pedir ao herói que responda corretamente uma pergunta antes que lhe seja permitido entrar no mundo misterioso da aventura. Uma resposta incorreta para essa pergunta crucial pode ter péssimos resultados. Acabamos de ser informados, aqui, de que apenas uma bruxa pode matar outra bruxa na Terra de Oz, e existem evidências claras de que matamos uma bruxa. Então, o júri está montado. Dorothy, e todos nós, por associação, somos bruxas, disso não há dúvida. A questão aqui é: somos bruxas boas ou bruxas más? Já fomos condenados à morte pela Bruxa Má do Oeste, mas ainda falta o voto de Glinda, a Bruxa Boa do Norte.

Podemos ter muita certeza de que a Bruxa Má será uma adversária, mas, para saber em que pé estamos com Glinda, precisaremos responder à pergunta dela: "Você é uma bruxa boa ou uma bruxa má?".

Nos contos de fada eslavos, uma senhora de aparência feroz chamada Baba Yaga mora em um casebre alojado acima de uma perna de galinha, no centro da floresta. O casebre fica sempre girando lentamente, para que ela possa ver quem está chegando. Em torno do casebre há uma cerca feita dos ossos daqueles que a ofenderam. Os postes que sustentam o portão de entrada são decorados com crânios de crianças. Entretanto, Baba Yaga é tão sábia quanto má, e por isso é procurada, por seus conselhos, por pessoas que se perderam na vida. Quando alguma alma desafortunada acaba se deparando com ela, Baba Yaga oferece hospitalidade, mas, primeiro, a pessoa precisa responder uma pergunta: "Você veio por vontade própria, ou alguém a enviou?". O mais importante, com relação à resposta para essa pergunta, é que seja o mais honesta possível, mesmo que pareça algo irracional ou não faça sentido, como "40% por vontade própria e 70% pela de outrem". Se aceitar a resposta, Baba Yaga vai preparar um jantar para o visitante, deixar que ele passe a noite e colocá-lo para seguir seu caminho, pela manhã, com instruções sobre como resolver seu dilema. Se o visitante desafortunado responder a pergunta sem honestidade, o convidado do jantar acaba virando o jantar.

"Você é uma bruxa boa ou uma bruxa má?" Nossa líder responde essa pergunta impossível com sabedoria, dizendo honestamente: "Não sou bruxa coisa nenhuma; sou Dorothy Gale, do Kansas". Visto que essa é a resposta mais honesta que ela pode dar, muito embora seja conflitante – ela de fato matou uma bruxa, mas não é uma bruxa, e só uma bruxa pode matar outra bruxa –, Glinda a recompensa com os poderosos sapatinhos de rubi que pertenciam antes à Bruxa Má do Leste.

Reparamos logo que a Bruxa Má do Oeste se preocupa pouco, ou nem se preocupa, com a morte da irmã. Seu problema, de fato, é com os sapatinhos de rubi, por causa do poder que eles têm. Ela sabe que os sapatinhos, junto com sua vassoura, fariam dela a criatura mais poderosa de Oz, portanto ela os deseja desesperadamente. Glinda nos lembra de algo: "Não os tire por nada, e a Bruxa Má não poderá machucar você".

Tendo sido enganada, a Bruxa Má fica furiosa e ameaçadora, mas Glinda simplesmente a dispensa, dizendo: "Oh, bobagem! Você não tem poder aqui. Vá embora antes que alguém derrube uma casa em cima de você também". "Pois bem", berra a Bruxa Má, "eu vou embora, e quanto a você, mocinha, é verdade, não posso dar cabo de você aqui e agora, como eu gostaria, mas tente não ficar no meu caminho. Eu vou pegar você, queridinha, e seu cãozinho também!" Dito isso, ela desaparece em uma nuvem de fumaça e fogo.

Glinda nos informa que criamos grande inimizade com a Bruxa Má do Oeste e que, quanto mais cedo partirmos de Oz, mais cedo teremos paz. Claro que adoraríamos voltar para o Kansas, mas como? Não podemos voltar pelo caminho pelo qual chegamos. Glinda sugere que o Mágico de Oz, na Cidade das Esmeraldas, talvez possa ajudar, mas, como não trouxemos nossas vassouras, teremos que andar, e o caminho é muito longo. Mas por onde começar? De seu modo gentil e sábio, Glinda nos avisa que "é sempre melhor começar pelo começo", enquanto nos guia até uma estrada de tijolos amarelos que sai em espiral da Terra dos Munchkins. Dando-nos um beijo gentil na testa (sua bênção de proteção), ela nos instrui a "seguir a estrada de tijolos amarelos". "Mas o que acontece se eu…" Antes que possamos fazer a pergunta, Glinda nos interrompe, dizendo: "Apenas siga a estrada de tijolos amarelos", e então aparece uma bolha cor-de-rosa que a puxa para dentro, e ela sai flutuando.

É interessante notar, aqui, que Glinda, mesmo com todos os poderes que tem, não se oferece para nos ajudar a voltar para casa ou, pelo menos, para chegar até o Mágico, na Cidade das Esmeraldas. Falaremos mais sobre isso depois.

Aonde quer que você vá, é lá que você estará

A afirmação original de Dorothy, a canção *Somewhere Over the Rainbow*, foi criada para ajudá-la a fugir dos problemas que ela tinha no Kansas, o que a canção de fato fez. O dilema que vemos agora é que Dorothy chegou à Terra de Oz com tudo que tinha, incluindo a bagagem. No momento em que partiu do Kansas, seu maior problema era a Srta. Gulch. Qual é o maior problema em Oz? Lembra-se de Dorothy dizendo à Srta. Gulch: "Dê aqui meu cachorro ou eu mesma mordo você, sua bruxa velha malvada?". Muito bem, aí está: ela conseguiu criar uma bruxa velha e malvada que é muito mais ameaçadora que aquela do Kansas. Além disso, Dorothy trouxe consigo todos os seus sistemas de crença inconscientes, que, é claro, são as raízes de seus problemas no Kansas. Você e eu estamos aqui com Dorothy, e também trouxemos um pouco de bagagem que precisaremos investigar e, com sorte, deixar aqui em Oz antes de voltarmos para casa.

O Espírito de Oz

Com toda essa conversa sobre algo que parece ser uma batalha entre o bem e o mal, posso imaginar que você está se sentindo um pouco incomodado com relação a essa pequena aventura. Por favor, caro amigo, não se desespere. Estamos muito bem protegidos. Ao longo das eras, as culturas do mundo desenvolveram uma diversidade de símbolos e sinais usados para afugentar o mal e proteger os viajantes do perigo. Estes costumam ser expressos com gestos, como os mudras, desenhados no ar com a mão. Em culturas cristãs e em muitas outras, o símbolo do sinal da cruz é muito usado. Podemos vê-lo como a invocação da Trindade: o Pai, o Filho e o Espírito Santo. Poderíamos também pensar nisso de modo menos religioso, como corpo, mente e espírito. Desse jeito, Deus é representado pela mente – a mente de Deus; o Filho é caracterizado pelo corpo – o corpo físico; e o Espírito Santo – a força vital de Dorothy.

Uma das muitas coisas que descobri sobre a história de Oz é como ela pode representar metaforicamente o Universo inteiro. Quando pensamos em Deus como o Universo, isso cria uma imagem com a qual é difícil lidar, para a nossa mente, porque é algo enorme. Não há limites ou fronteiras às quais nossa mente possa se agarrar. De uma perspectiva espiritual, desenvolvi a ideia de que a Terra de Oz em si, incluindo todos os personagens – cada tijolo amarelo, macaco voador, guarda winkie etc. –, pode ser pensada como Deus, em totalidade. Isso vem da minha crença de que Deus é e está em todas as coisas; não há nada fora Dele. Desse ponto de vista, acho difícil me separar do todo.

Depois que abandonei o conceito de Deus como *persona*, como um velho homem sentado em uma nuvem em algum lugar do éter, não havia mais para quem dirigir uma oração. Eu sentia como se precisasse de um endereço ou algo assim.

Estudei *Um curso em milagres* por muitos anos, e uma das muitas coisas que o livro explica é o conceito do Espírito Santo. Eu nunca tinha entendido direito o que é o Espírito Santo. "O curso", como as pessoas que o estudam se referem ao livro, explica-o como um mecanismo de comunicação ou um meio pelo qual podemos nos comunicar com Deus. Quando identifico isso na história de Oz, posso facilmente ver que Glinda representa o Espírito Santo. Então é assim que entendo a ideia da Santíssima Trindade – Pai, Filho e Espírito Santo – em Oz: o Pai (Deus) é a Terra de Oz em sua totalidade; o Filho, ou a "Filiação", é representado por Dorothy, o Espantalho, o Homem de Lata, o Leão, Totó, o Mágico, a Bruxa Má, e também por mim e por você; e o Espírito Santo é representado por Glinda. É somente por intermédio de Glinda que podemos nos comunicar com a Terra de Oz, que é Deus. Peço que você tenha em mente que pode substituir o nome "Glinda" pelo nome do seu santo de devoção, um anjo da guarda, um espírito guia, ou um mestre etc. Mais uma vez, o dedo não é a lua.

A canção

Abaixo seguem uns versos de um poema não titulado de Rainer Maria Rilke que talvez nos ajudem a integrar melhor as incertezas e contradições que vamos vivenciar conforme prosseguimos com a nossa jornada de descoberta:

Eu sou o descanso entre duas notas,
que, de algum modo, estão sempre em desacordo
porque a nota da morte quer se elevar
mas no intervalo obscuro, reconciliadas,
elas ficam ali, tremendo.
E a canção continua, linda.

"E a canção, a canção, a canção continua, linda." *Você* é a canção que descansa, bela, no intervalo obscuro entre as notas (a Bruxa Má e a Bruxa Boa). Sem você, não tem como haver música! Ademais, não teríamos a melodia em que a canção viaja não fossem essas duas notas, o universo, uni(um)-verso (canção), a Única Canção que continua, linda!

1 + 1 + 1 = Um. O todo é maior do que a soma das partes, e você é a bela soma holística das muitas partes de você, abençoado seja!

Por ora, no entanto, a música é um mantra que guia o nosso caminho, então siga a estrada de tijolos amarelos! Siga a estrada de tijolos amarelos! Rumo a Oz, a Oz, protegido por nosso símbolo favorito e cantando nossa bela canção: "Estamos a caminho de ver o Mágico, o Maravilhoso Mágico de Oz".

Capítulo 9

RELEMBRANDO NOSSO EU FERIDO

Junto de Totó e Dorothy, começamos uma grande aventura pela estrada de tijolos amarelos em busca da Cidade das Esmeraldas e do Mágico de Oz. Entretanto, não estamos cientes de que algo vital está acontecendo aqui; Glinda sabe, com certeza, que pedaços essenciais de nós foram espalhados por toda a Terra de Oz pelas forças do tornado enquanto viajávamos para a Terra dos Munchkins, onde desabamos. Pelo visto, fomos desmembrados – rasgados. Glinda sabe que precisamos, agora, buscar e encontrar nossos pedaços espalhados ao longo da estrada de tijolos amarelos, para que possam ser redescobertos e retornar aos nossos braços. O fato de Glinda saber que temos essa necessidade de cura talvez seja o motivo pelo qual ela não nos levou até o Mágico ou até Kansas, a partir da Terra dos Munchkins. Como sempre, ela tem uma visão geral e conhece o caminho.

Mas e se...

Até o momento, a estrada de tijolos amarelos se mostrou uma passagem bastante agradável, abrindo caminho por entre o interior, sobre morros e vales e ao longo de riachos adoráveis com margens gramadas, através de prados com flores silvestres e florestas salpicadas de verde. Após passear tranquilamente por algum tempo, encontramo-nos numa encruzilhada; uma estrada segue para a esquerda, a outra para a direita, entretanto, mais uma continua na direção em que estávamos viajando. E mais outra retorna para a Terra dos Munchkins. Não lembramos de Glinda dizer nada sobre uma encruzilhada na estrada, ou o que fazer caso uma aparecesse. Pensando bem, essa pode muito bem ser a pergunta que Dorothy ia fazer a Glinda quando disse: "Mas e se..."; mas a pergunta foi interrompida quando Glinda insistiu que eles seguissem a estrada de tijolos amarelos, enquanto se afastava em sua bolha cor-de-rosa.

Simbolicamente, esse é o mesmo dilema que todos nós enfrentamos quando nos vemos em um local, ao longo da nossa estrada, em que esta se divide ou bifurca. Estudamos a paisagem, contemplamos uma variedade de opções e uma quantidade interminável de possíveis resultados. É muito comum que nos vejamos estancados num caso complicado de paralisia de análise. Essas bifurcações inevitáveis na estrada podem aparecer na esteira de muitas coisas, em geral, em uma perda: perda do emprego, do lar, de um ente querido, da saúde.

Nossa resposta pode, muitas vezes, ser de medo ou até de pânico. Ficamos estancados, tentando entender, analisar e pesquisar as opções. Talvez até perguntemos aos outros qual caminho eles acham que é o melhor, como quando Dorothy pergunta a seu companheiro: "Para que lado vamos, Totó?". O cãozinho pega um dos caminhos para encontrar a resposta, dá meia-volta e retorna, entra em outro caminho, dá meia-volta, retorna, olha para Dorothy e começa a girar em círculos, com os instintos em um esquisito curto-circuito.

David Wagoner, poeta norte-americano, é famoso por sua poesia e seus *insights* acerca dos costumes e do folclore do povo nativo dos Estados Unidos. Abaixo segue um trechinho de seu poema "Perdido", que sugere o que diria um ancião da tribo a um jovem quando este lhe perguntasse: “O que faço se eu me perder na floresta?”.

> ***Perdido***
> *Fique parado.*
> *Fique parado.*
> *As árvores à frente e os arbustos ao redor*
> *não estão perdidos. Onde quer que você esteja se chama Aqui,*
> *e você deve tratá-lo como um poderoso estranho,*
> *deve pedir permissão para conhecê-lo e ser conhecido.*
> *A floresta respira. Escute…*

Se ficarmos parados e quietos, ouviremos coisas que não podem ser ouvidas quando estamos tentando explicar, entender ou desvendar um mistério que desafia a lógica. O que devemos fazer quando ficamos perdidos? Ficar parados, permitindo que a resposta emerja do silêncio.

A floresta respira. Escute...

De repente, do nada, uma voz diz: “Aquele caminho é um caminho muito bom”.

Dorothy olha ao redor com curiosidade. “Totó, você ouviu alguma coisa?”

E mais uma vez, do nada: “Aquele outro caminho também é agradável”.

A voz parece vir de onde? Dorothy dá uma volta para investigar a fonte e descobre um grande milharal que não tinha notado ainda. Um espantalho recheado de palha, montado num bastão, olha para a frente de modo desinteressado, por entre as espigas de milho, gesticula com os braços para as duas direções e diz: "E claro: algumas pessoas vão pelos dois caminhos".

Dorothy fica chocada, perguntando-se como um espantalho com cabeça de palha consegue oferecer um conselho para resolver o dilema.

– Você disse alguma coisa? – ela pergunta ao espantalho, e ele faz que sim. – Suas sugestões são confusas. Que tal escolher só uma delas?

– Não consigo – ele responde –, não tenho cérebro, só palha.

– Ora, se você não tem cérebro, como consegue falar? – Dorothy pergunta.

– Não sei – ele responde –, mas me parece que tem gente que não tem nenhum cérebro e fala pelos cotovelos, não é mesmo?

– Hum, acho que você tem razão – Dorothy responde, pensativa.

Parece que nosso novo amigo com cabeça de palha não é lá muito esperto, mas ele certamente dá sinais de que tem algo um pouco mais difícil de encontrar: sabedoria.

Dorothy se apresenta ao espantalho com modos típicos do Kansas, dizendo-lhe:

– Como você vai?

– Ah, eu não estou me sentindo nada bem – responde o Espantalho. – Sabe, é um tédio danado ficar parado aqui o dia todo com uma vara presa nas costas.

Dorothy circula o Espantalho, procurando um jeito de livrá-lo do gancho que o prende à vara. Parece que o único jeito é erguê-lo e tirá-lo do gancho, mas ele é pesado demais para uma garotinha delicada do Kansas.

– Claro que não sou muito esperto para fazer as coisas – ele diz a Dorothy –, mas me parece que, se você dobrar o prego para baixo, vou deslizar para fora da vara.

Reconhecendo essa solução simples, Dorothy dobra o prego, e o Espantalho desliza para fora do poste, caindo amontoado no chão, diante da vara.

Após certa discussão com o Espantalho, descobrimos que ele está infeliz consigo mesmo, porque não tem inteligência para realizar um propósito simples: manter os corvos longe do milharal. Ele explica que os corvos zombam dele e o provocam por não ter nem um cérebro do tamanho de um corvo.

Sobre não ter cérebro

Acabamos de descobrir nosso primeiro pedaço desmembrado que viemos coletar, mas não é um cérebro. Nosso cérebro físico está, obviamente, intacto. O que o Espantalho revela para nós são nossos sentimentos de inadequação na área do intelecto. Descobrimos que estamos olhando diretamente para nossas crenças sobre nós mesmos de não sermos inteligentes o bastante ou bons o bastante se comparados a pessoas de sucesso do mundo.

Esse sábio espantalho, apesar de acéfalo, conquistou nosso coração, e por isso o convidamos para vir conosco em busca do Mágico, na esperança de finalmente adquirir um cérebro e toda a grandiosidade que o acompanhará.

Para expressar sua imensa gratidão, nosso novo amigo dança um pouquinho e canta uma pequena canção.

Puxa, seria tão agradável
saber o motivo das coisas;
se explicá-las eu pudesse.
Então talvez eu a merecesse
e talvez até me visse
se um cérebro eu tivesse.

Interessante como, quando nos vemos na companhia de um sábio desmiolado, desaparece a dúvida quanto a que caminho seguir ou o que fazer. Como a vovó toupeira, esse tipo de sabedoria vem do coração. É como se a estrada de tijolos amarelos fosse um caminho do coração, e qualquer caminho do coração deve ser o caminho certo a seguir, portanto, seguimos viagem para encontrar o Mágico!

Sobre não ter amor

Junto do Espantalho e de Dorothy, seguimos pela estrada e acabamos encontrando um homem feito de lata; suas juntas estão tão enferrujadas que ele mal pode se mover. Usando o óleo de uma lata encontrada ali por perto, lubrificamos suas juntas, e rapidamente ele consegue se mover e falar conosco. Logo ele descobre que estamos a caminho de encontrar o Mágico, na esperança de arranjar um cérebro para o Espantalho e uma passagem para o Kansas para Dorothy. Após pensar um pouco na ideia, o Homem de Lata questiona se quem sabe o Mágico não consegue lhe arranjar um coração. "Não tem coração?", exclama o Espantalho. "Você tem cérebro?" "Não, minha cabeça está vazia", responde o Homem de Lata. "Eu já tive cérebro e coração também; então, como experimentei os dois, prefiro muito mais ter coração." "Por quê?", pergunta o Espantalho.

"EU VOU LHE CONTAR A MINHA HISTÓRIA, E ENTÃO VOCÊ SABERÁ."

(EXTRAÍDO DO LIVRO ORIGINAL *O MARAVILHOSO MÁGICO DE OZ*, DE L. FRANK BAUM)

"Eu nasci filho de um lenhador que cortava e vendia a madeira que pegava da floresta. Quando meu pai faleceu, assumi o negócio. Fiquei muito triste, morando sozinho na floresta. Havia uma garota Munchkin que comecei a amar de todo o coração. Então, planejamos nos casar assim que eu conseguisse construir um chalé na floresta para vivermos juntos. A menina Munchkin morava com uma senhora que não queria que ela se casasse, pois era tão preguiçosa que queria que a menina ficasse com ela para cozinhar e cuidar da casa. Então, a senhora foi falar com a Bruxa Má e lhe ofereceu duas ovelhas e uma vaca se ela conseguisse impedir o casamento. A Bruxa Má lançou um feitiço no meu machado, para que errasse o tronco da árvore e me acertasse.

"Quando comecei a cortar uma árvore para construir nosso pequeno ninho de amor, a lâmina do machado errou e cortou fora minha perna direita. Fui até o ferreiro, que criou uma prótese para mim, uma perna de lata. Determinado a construir nosso chalé, voltei a trabalhar, e o machado cortou fora minha perna esquerda. Mais uma vez, o ferreiro fez uma perna nova para mim. Quando retornei de novo ao trabalho, perdi o braço esquerdo e depois o braço direito. Logo o machado cortou até minha cabeça. A cada vez, o ferreiro veio me acudir.

"Meu coração transbordava tanto de amor por essa menina Munchkin, que voltei na mesma hora para a floresta para cortar a madeira necessária para o chalé no qual passaríamos nossa vida juntos. No primeiro golpe, o machado deu a volta e cortou-me ao meio, estilhaçando meu coração em pedaços. O ferreiro leal veio na mesma hora e construiu um corpo de lata, no qual acoplou meus braços e pernas, mas, infelizmente, ele não tinha como substituir o meu coração partido.

"No início, fiquei muito orgulhoso do meu novo corpo de lata brilhante, e gostava de exibi-lo para as pessoas que passavam. Além disso, eu não tinha mais que ficar preocupado se o meu machado poderia me cortar. Se escapasse, ele apenas bateria no meu corpo duro. Eu me sentia muito seguro, todo envolvido em lata fria e dura, sem um coração para ser partido. Além disso, eu estava livre da terrível dor do amor, no meu coração, pela menina Munchkin.

"Após ser pego na tempestade, cerca de um ano atrás, e ficar enferrujado, tive muito tempo para pensar nas coisas. E o que descobri foi que a maior perda que tive foi a do meu coração. Enquanto estava amando, eu era o homem mais feliz do mundo; mas, infelizmente, não há como amar uma pessoa que não tem coração."

Enquanto o Homem de Lata compartilha essas últimas palavras de sua história, lágrimas se formam em seus olhos e começam a escorrer por cima do queixo. Dorothy imediatamente retira um lenço de sua cesta e enxuga as lágrimas, e avisa ao Homem de Lata que é melhor ele não chorar, ou ficará enferrujado de novo.

Dorothy e o Espantalho cochicham sobre a situação e resolvem convidar o Homem de Lata para se juntar a eles na jornada para encontrar o Mágico.

– Acham que o Mágico pode me dar um coração? – pergunta o Homem de Lata.

– Não vejo por que não daria – Dorothy responde. – Se ele for capaz de dar um cérebro ao Espantalho, acho que poderia arranjar um coração para você também.

– Mas você não ia preferir um cérebro? – pergunta o Espantalho.

– Ah, não! – responde o Homem de Lata. – Pedirei um coração, pois um cérebro não faz ninguém feliz, e a felicidade é a melhor coisa do mundo. Assim que tiver um coração, poderei amar de novo, e voltarei para me casar com a menina Munchkin.

Medo de amar

Em toda a sua vida, alguma vez seu coração foi partido? O meu já foi, e sei que é uma das piores dores que há para sentir. É muito comum as pessoas acharem que a cura para um coração partido é protegê-lo e nunca mais expô-lo ao perigo da rejeição; elas acabam ficando com medo do amor, e muitas delas vivem em solidão.

Tendo agora descoberto e relembrado outro de nossos pedaços feridos, nós o pegamos, guardamos e seguimos pela estrada dos tijolos amarelos.

Nascido assim

Logo nos encontramos em uma floresta densa assombrada por barulhos esquisitos. Quase sem conseguir enxergar os tijolos amarelos, vamos andando com cuidado, prestando atenção para captar qualquer sinal de perigo iminente. De repente, surge uma agitação terrível no mato próximo do caminho. Abruptamente, com um rugido intenso, um leão enorme salta para a estrada e fica agitando as patas, ameaçadoramente.

– Vamos lá, quero ver, quero ver! – ele berra alto. – Posso dar cabo de todos vocês com uma pata amarrada nas costas! Vamos lá!

Após avançar sobre o Homem de Lata e o Espantalho, ele vai atrás de Totó – um grande erro. Dorothy imediatamente vem defender seu cãozinho, dando um tapa no nariz do Leão, advertindo-o:

– Mas que vergonha! Por que não procura alguém do seu tamanho, seu briguento?

– Ei, você não precisa me bater, não! Meu nariz está sangrando? – o Leão começa a choramingar.

Dorothy dá um passo para trás e diz:

– Ora, você não passa de um grande covarde!

– Sim, você está certa, eu sou um covarde – ele lamenta –, não tenho coragem para nada. Tenho medo até da minha própria sombra.

Após uma consulta breve, concluímos que, se o Mágico pode nos dar o que estamos procurando, não há motivo para que não possa dar ao Leão a coragem de que ele precisa, então o convidamos para se juntar a nós em nossa missão.

Sobre ter medo

No mundo todo, o leão é considerado o rei dos animais, o rei da selva, um ícone de bravura e virilidade. Esse leão não é bem assim: ele tem medo até da própria sombra, tem medo de ovelhas, tem medo de tudo! Como isso é possível? Em certo momento, ele responde a essa questão dizendo: "Não sei. Acho que eu só nasci assim".

Olhando com mais atenção para nosso amigo leão, vemos que esse "ícone de virilidade" é bem afeminado, chegando ao ponto de usar alegremente um lacinho vermelho na juba, mais tarde na história.

O fundamento do medo dele é que ele tem a aparência de um leão, mas, lá no fundo, é um "rato, sem força nem vigor". Seu maior medo é que, por causa de sua aparência, o mundo espere que ele seja corajoso, ousado e viril, e ele não consegue se comportar dessa maneira por causa de sua natureza gentil e compassiva.

Todos nós queremos nos adequar à comunidade à qual pertencemos, então tentamos desesperadamente nos recriar para passar a impressão daquilo que ela espera de nós. Passar a vida toda, dia após dia, com medo da desaprovação no trabalho, em casa e até quando estamos nos divertindo é estressante demais e costuma ser a raiz das doenças que desenvolvemos.

Com uma gentil autocompaixão, podemos agora relembrar outro dos nossos pedaços feridos, guardá-lo e prosseguir rumo ao palácio da liberdade. Contudo, há uma dúvida crucial: será o Mágico alguém que atende as pessoas? Vamos mergulhar fundo nessa questão no capítulo seguinte.

O crítico interior

Se você é igual à maioria das pessoas, sem dúvida já ouviu uma voz interior falando com você, que tem apenas críticas a oferecer. Essa é a voz que costumamos chamar de crítico interior. Ela lança dúvidas sobre qualquer coisa que queremos realizar e, em geral, faz críticas negativas sobre o que, de fato, conseguimos fazer. Ela comanda nossa psique pelo medo, exigindo perfeição – senão você vai se ver comigo. Sabemos que não somos capazes de alcançar a perfeição, nem nada perto disso, e é por isso que somos como um "cervo diante dos faróis", paralisados de medo. Ao descobrir o Mágico, encontramos mais outro dos nossos pedaços desmembrados e feridos. Por mais difícil que seja, precisamos pegar esse pedaço, guardá-lo com carinho e prosseguir na estrada.

Estradinhas e tocas de coelho

No capítulo seguinte, guiarei você a fundo em outra toca de coelho que descobri. A entrada fica bem no meio de um arbusto na beira do caminho, então teremos de deixar a segurança da estrada de tijolos amarelos para explorar esse mistério. No fundo desse buraco, há uma revelação fantástica que nos aguarda. À medida que a explorarmos com coragem e minúcia, ela nos revelará exatamente por que temos medo e duvidamos de nós mesmos. Até o momento, isso vem sendo um segredo muito bem escondido no obscuro submundo, e, como a maioria dos segredos guardados a sete chaves, ele é muito bem protegido. Talvez vejamos coisas que serão um pouco incômodas, mas precisamos encarar qualquer medo que tente bloquear nosso caminho. Você está pronto? Pois bem, ótimo, vamos entrar!

Capítulo 10

OITO PASSOS PARA A LIBERDADE

Mergulhando abaixo da superfície da estrada de tijolos amarelos, obteremos um entendimento mais profundo dos seus poderosos ensinamentos. Essa será a segunda de muitas explorações subterrâneas, e quando emergirmos dessa aventura para lá de especial, tenho certeza de que você concordará que nossos olhos terão sido abertos de uma maneira que não poderíamos ter imaginado que pudesse ocorrer sob a luz da superfície. Parece que, às vezes, temos de nos aventurar na escuridão para encontrar a luz. Como disse Marcel Proust, autor de *Em busca do tempo perdido*: "O verdadeiro ato de descobrir consiste não em encontrar novas terras, mas em enxergar com um novo olhar".

Uma breve introdução para a energia dos chakras

Será preciso entender o sistema dos chakras dos seres humanos para sentirmos o maior impacto após esse mergulho no submundo. Você já deve saber alguma coisa sobre os chakras e a importância que eles têm em nós. No entanto, para me certificar de que estamos todos em preparação total, explicarei cada um dos chakras e as energias coletivas que eles representam na nossa vida.

Existe um corpo de energia sutil que é um aspecto essencial do ser que somos, e não podemos vê-lo ou tocá-lo – um sistema pelo qual flui nossa energia vital. A maioria das tradições mundiais, desde as da Índia antiga até as terapias modernas, reconheceu e trabalhou com sistemas de energia corporal para alcançar equilíbrio e bem-estar mental, emocional e físico. Para nosso propósito aqui, vou me referir, principalmente, ao sistema de energia dos chakras. Dependendo das tradições às quais nos referimos, esses centros de energia podem consistir em três (Qigong) e até em oito (ensinamentos védicos) centros de chakra principais. Neste livro, vou tratar de um sistema de oito chakras.

Uma introdução aos chakras

Por favor, veja o gráfico para ter uma noção geral do sistema de chakras.

Trabalhamos principalmente com os chakras do grupo de base. Cada um desses pontos de energia tem uma frequência específica que o faz se manifestar com uma cor específica:

1. vermelho
2. laranja
3. amarelo
4. verde
5. azul
6. índigo
7. violeta
8. branco puro ou transparente

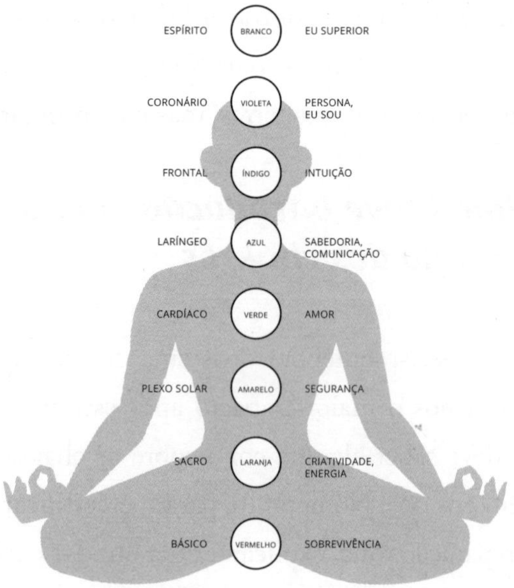

O vermelho tem frequência muito baixa, e conforme subimos pelos chakras, a vibração das frequências vai aumentando até chegar à "cor" branca – que vibra em tão alta frequência que não é visível ao olho humano.

Peço que você reflita um pouco sobre o diagrama e repare na localização de cada chakra e no senso ou sentimento a ele associado. Talvez, a partir desse ponto de vista, você consiga imaginar como nossa percepção de conforto e bem-estar pode ser severamente perturbada se alguma dessas energias elementais não estiver aberta ou em equilíbrio. Coletivamente, essas frequências de cores se manifestam como a aura que circunda nosso corpo.

Pessoas que têm sensibilidade aguçada para energias conseguem "ler" as cores dos chakras. Com isso, terapeutas intuitivos usam o poder curativo da acupuntura, das massagens terapêuticas, da medicina energética e da cura psíquica para restaurar a saúde e o bem-estar. Quando as energias do nosso corpo mental, do emocional e do físico estão em equilíbrio e em harmonia, as cores ficam vibrantes e brilhantes. Quando nos sentimos doentes, as frequências das cores reduzem em um grau ou outro. Uma linha ou um meridiano de energia percorre ao longo da coluna, desde a raiz até o centro espiritual, logo acima da coroa. Algo que afeta um centro de energia também afeta os demais. Por exemplo, se nos sentimos perdidos ou abandonados, talvez não nos sintamos seguros e bem fundamentados, o que poderia causar um efeito de enfraquecimento no chakra básico. Com uma depressão severa resultante dessa sensação de estar perdido, o chakra básico poderia passar para a cor preta, e, assim, "lançar uma sombra" no restante do sistema, fazendo todos os outros pontos de energia resfriarem e, portanto, perderem o brilho de sua cor – o que resulta em uma energia sem vigor e apagada.

Creio que essa breve introdução dará a você um conhecimento suficiente do sistema de chakras para que obtenha o impacto total do que vamos descobrir ao nos aventurar mais a fundo nessa toca de coelho. Vou levá-lo para uma caverna que, por muitos anos, escondeu um frasco que contém o segredo para o bem-estar iluminado – a "paz que concede todo o entendimento".

Respire bem fundo e prepare-se. Lá vamos nós!

Conheça a família

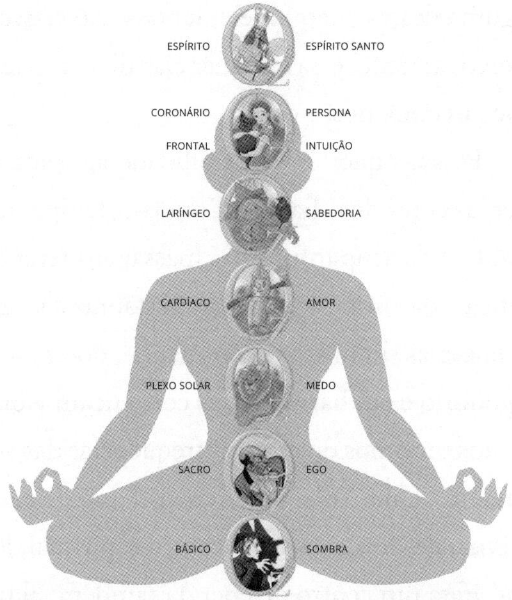

Nos confins da estrada de tijolos amarelos, nos aproximamos, agora, de uma abertura com a qual me deparei anos atrás, durante uma de minhas muitas explorações da paisagem e do submundo de Oz.

Encontramos o que parece, inicialmente, ser a entrada de uma caverna parcamente iluminada por uma fonte de luz que não conseguimos identificar. Parece que as próprias paredes brilham com um tom iridescente de verde-esmeralda. Passando a entrada, abre-se uma grande caverna. Vemos outra luz cujo brilho aumenta aos poucos; ela emana de um grande globo de cristal. Ao chegar perto do globo, reparamos que há uma imagem em forma de pirâmide lá dentro. Guiado pela intuição, faço um aceno com a mão direita em frente ao cristal, que no mesmo instante projeta uma imagem do centro para fora, lançada na parede da caverna. Com nitidez extraordinária, flagramo-nos vendo essa tabela enigmática.

A Terra de Oz é cheia de mistérios, e acaba de revelar um de seus segredos mais bem guardados. É estranho, mas o que estamos vendo, admirados, parece ser, inicialmente, o mesmo sistema de chakras que vimos antes; a única diferença é que as cores foram substituídas pelos rostos da nossa história, representando os oito primeiros personagens. Estamos olhando para uma projeção de um recipiente sagrado que revela as oito plataformas que levam ao Santo Graal – um mapa detalhado, embora enigmático, daquilo que buscamos. Nossa tarefa, agora, é mergulhar fundo e decifrar os segredos dele, um por um. Eu vou na frente.

Acabamos de fazer uma descoberta estonteante com essa imagem. Lembre-se de que, com Dorothy, estivemos juntando e relembrando nossos eus desmembrados, espalhados ao longo da estrada de tijolos amarelos. É incrível, mas esse gráfico nos mostra precisamente onde reinseri-los no nosso corpo. Repare como eles se alinham perfeitamente com as energias dos chakras mencionados há pouco.

Peço que você preste atenção no fato de que as energias mais sombrias e pesadas estão no chakra básico, e que elas vão ficando mais claras em cor e mais altas em frequência conforme vamos subindo.

Boa parte do mundo opera por meio dos primeiros três chakras, que são profundamente investidos de medo quando estão desequilibrados. Quando nos elevamos acima do terceiro chakra, começamos a sentir o amor que nós, de fato, somos. No entanto, muito embora nesses níveis superiores passemos a funcionar mais com as energias do amor, da sabedoria e da intuição, ainda somos puxados com força para o medo. Glinda é a única exceção, pois ela é o poder unificador do amor divino, que nada teme.

Como seu guia, vou fazer uma introdução rápida de cada um desses representantes de chakras, e depois mergulharemos mais a fundo no mistério de tudo isso.

1. Encontramos a Bruxa Má no chakra básico, representando os aspectos obscuros e mais misteriosos da nossa personalidade. Em razão do que já passamos com ela, sabemos que está enraivecida e jurando vingança pelas injustiças que acha que foram cometidas contra ela – "Vou pegar você, queridinha, e seu cãozinho também!".
2. O chakra sacro é representado pelo Mágico de Oz, aquele a quem estivemos procurando, na esperança de que ele preencheria o vazio que sentimos por dentro. No entanto, sob essa perspectiva, ele não tem a aparência do cavalheiro benevolente com quem contávamos.
3. O Leão Covarde foi inserido em nosso plexo solar – a parte do nosso corpo na qual vivenciamos o medo do modo mais físico. É um tanto paradoxal que o representante dos nossos medos apareça como a fera mais destemida que existe, o leão, rei da selva!
4. O Homem de Lata, que não tem sentimentos, representa nosso chakra cardíaco, muito embora ele nem tenha mais um coração.
5. O Espantalho é a energia do nosso chakra laríngeo; é o ponto que fica entre a cabeça e o coração, onde reside a sabedoria, e, muito embora não tenha cérebro, o Espantalho mostra lampejos de grande sabedoria.
6. Totó fica no chakra frontal, o terceiro olho, e representa nossa habilidade de enxergar além do óbvio. O terceiro olho é o olho que enxerga aquilo que nossos olhos físicos não conseguem ver, uma visão conhecida como intuição.

7. No chakra coronário (uma abertura invisível no centro do topo da cabeça), encontramos Dorothy como a persona, a expressão física de uma alma que escolheu esse recipiente (corpo) para navegar pelos mares de uma vida na Terra.
8. Finalmente, encontramos Glinda no chakra espiritual, localizado fora do corpo, um pouco acima da coroa.

Os frutos vêm das raízes

Em geral, é melhor não misturar metáforas, mas peço licença aqui, pois vou construir outra analogia para ajudar a explicar esse fenômeno. Vamos pensar nas energias dos chakras do modo como poderiam aparecer em uma árvore. Indo de baixo para cima, encontramos o chakra básico enterrado no solo, oculto, extraindo nutrientes da terra para a árvore. Conforme os nutrientes sobem, eles passam pelo tronco e entram nos membros, galhos, folhas, botões e, no fim, se for uma árvore frutífera, nos frutos. É essencial saber que a força e a saúde de uma árvore, e a qualidade de seus frutos, só podem ser boas se os nutrientes do solo também forem bons. Mas o que acontece se o solo no qual a árvore cresce for tóxico? Os níveis de toxicidade do solo determinarão quão ruim será a saúde da árvore e, sem dúvida, afetarão os frutos que ela produzir; ela pode até gerar frutos tóxicos.

De certa forma, somos como uma árvore, com raízes enterradas a fundo no solo, do qual retiramos nossa nutrição física, mental e espiritual. Ninguém pode ver as raízes, mas, em geral, temos muita noção da qualidade dos frutos que estamos produzindo, ao ver como nossa vida se desenrola. Se nossas raízes estão crescendo em solo rico em nutrientes, a qualidade do nosso comportamento e das nossas atividades será de brilho, alegria e amor. Por outro lado, se nossas raízes estão crescendo em solo tóxico, e dependendo dos níveis de toxicidade do solo, nossos "frutos" serão contaminados: seremos rabugentos, improdutivos, incapazes de cooperar, ineficientes e, em casos extremos, perigosos, para nós mesmos e para os outros. A maioria das pessoas é nutrida por raízes que crescem em solos tóxicos, às vezes sem saber. Essa é a má notícia; a boa é que temos o poder de purificar o solo no qual crescemos.

Como foi que o solo ficou tóxico?

A resposta curta e grossa para essa pergunta: a culpa é nossa. Durante nossos anos de formação, pessoas e eventos ao nosso redor forneceram crenças venenosas sobre a nossa falta de valor – geralmente sem perceber, sem intenção. Essas mensagens tóxicas chegam até nós de toda fonte que se possa imaginar: pais, professores, padres, pastores, colegas, a mídia, os valentões e até a indústria do entretenimento nos informam o modo como eles acham que "deveríamos" nos comportar. Quando não estamos agindo do jeito que eles acham que é o mais aceitável socialmente, eles nos oferecem correções para esse comportamento. Você devia fazer isso ou aquilo, você não devia fazer isso ou aquilo, você fez errado de novo, você nunca vai aprender? Que coisa feia esse seu comportamento. Isso que você está fazendo é pecado! Você não merece ter as coisas que quer, e blá-blá-blá.

Recebemos essas mensagens como críticas, que levamos para o lado pessoal, então acabamos achando que deve haver algo terrivelmente errado conosco. Não somos inteligentes como as outras pessoas, amáveis como as outras pessoas, fisicamente atraentes como as outras pessoas, ou fortes e corajosos como os outros. Logo, para nos sentirmos bem conosco, escondemos essas mensagens tóxicas, na esperança de que os outros não as percebam. O único lugar que temos para esconder a vergonha, o pecado e a culpa é nossa lata de lixo emocional, lá no fundo, dentro de nós. No fim, todas essas ideias tóxicas que temos sobre nós devem ser depositadas em algum lugar, escondidas, porque o fardo ficou pesado demais para suportar, então elas acabam sendo jogadas e enterradas em um lixão de emoções.

Muito embora façamos o possível para esquecer ou ignorar essas críticas e mensagens negativas, elas apodrecem nesse lixão, envenenando o solo em que nascemos. Lembre-se de que não podemos ver o solo no qual estamos crescendo, portanto, não temos ciência dos efeitos tóxicos que ele causa em nós. Em termos psicológicos, essa fundação contaminada costuma ser chamada de sombra.

O escritor Eckhart Tolle se refere a ela como o "corpo de dor". No best-seller *O poder do agora*, ele explica que existe uma dor emocional antiga vivendo dentro de nós. É um acúmulo de experiências de vida dolorosas que não foram totalmente encaradas e aceitas quando surgiram, e deixaram para trás uma forma de energia de dor emocional. Essa dor se combina com outras formas de energia negativa, como raiva, medo e dúvida, e apodrece por muitos anos, criando o corpo de dor.

Na metáfora da nossa história, o corpo de dor é representado pela Bruxa Má, encontrada no chakra básico. Joseph Campbell refere-se a ele, metaforicamente, como a sacola escura na qual enfiamos tudo aquilo de que não gostamos em nós mesmos. A sacola escura vai crescendo ao longo da nossa vida, conforme colocamos nela cada vez mais supostos pecados, vergonhas e culpas. Quando alcançamos a maturidade, a carga está grande demais para ser carregada, e se manifesta de muitas maneiras como disfunções, incluindo, dentre outras coisas, medo incapacitante, autossabotagem, ódio de si mesmo, depressão e outras doenças. Isso é a fonte principal de algo que chamamos de crise de meia-idade, época em que podemos ficar desesperados por uma mudança, mesmo que seja algo que prejudique a vida que estamos levando.

O fio dourado

Todos temos algo a que me refiro como um fio dourado percorrendo nosso corpo; em termos médicos, isso é chamado de nervo vago, por causa do modo como ele vaga pelo corpo todo. A palavra *vagus* vem do latim, e significa "viajante". É a raiz das palavras "vagabundo", "vadio", e de outras expressões de vagar e percorrer. Esse nervo é uma parte essencial do sistema nervoso parassimpático e regula a pressão arterial, a frequência cardíaca, o relaxamento, o sono, e assim por diante. Ao percorrer o corpo, ele toca as vísceras, o coração, o cérebro, o estômago, o intestino grosso e basicamente todos os outros órgãos.

Talvez você tenha ouvido falar do conceito de conexão mente-corpo, uma conexão entre a mente (Dorothy) e o corpo em geral (simbolicamente, o Espantalho, o Homem de Lata, o Leão, o Mágico e a Bruxa Má). Essa conexão mente-corpo permite que o poder da mente oriente as condições das diversas regiões do corpo – o nervo vago facilita essa conexão. A ciência médica em torno desse nervo pode ser extremamente complexa. Para nossos propósitos, precisamos somente entender que ele trabalha para nos manter em equilíbrio, ajudando-nos a ter uma experiência de vida alegre e pacífica.

De modo similar, a Terra de Oz tem um fio dourado que a percorre por inteiro. Penso nesse fio dourado como a estrada de tijolos amarelos. Se olharmos de perto a metáfora da nossa história, vemos que a estrada está intimamente conectada ao cérebro (Espantalho), ao coração (Homem de Lata), ao estômago (Leão), ao intestino delgado (Mágico) e ao intestino grosso (Bruxa Má). Ela tem muitas bifurcações, estradas secundárias, alternativas e passagens que levam a outras regiões da Terra de Oz, assim como o nervo vago no nosso corpo. Entretanto, a função principal do nervo é manter a energia vital de nossos órgãos em um estado de homeostase. O dicionário define a homeostase como "um estado relativamente estável de equilíbrio ou uma tendência para tal estado entre os elementos ou grupos de elementos diferentes, porém interdependentes, de um organismo, população ou grupo". Uau! Isso foi um pouco pesado, considerando nosso propósito aqui, então vou resumir para você: equilíbrio e harmonia – equilíbrio e harmonia entre e dentro dos nossos aspectos mentais-emocionais, físicos e espirituais.

Masculino/feminino

Uma das maiores necessidades do mundo, atualmente, é ter um maior equilíbrio entre as energias masculina e feminina. É crucial entender que não estou falando de homens e mulheres, o que se refere ao gênero de um corpo, se esse corpo veio com um equipamento externo ou interno. Refiro-me a uma necessidade de equilíbrio dentro e entre a energia masculina e a energia feminina, que existem, em maior ou menor grau, em todos nós, qualquer que seja o equipamento com o qual viemos ao mundo.

A humanidade tem funcionado por muito, muito tempo em torno dos três chakras inferiores, investida com muita intensidade na energia masculina. Alguns exemplos de energia masculina seriam poder, conhecimento, controle, defesa e ataque. Os chakras de nível superior têm muito mais a ver com forças femininas: compaixão, aceitação, cooperação, gentileza, nutrição e assim por diante.

Perceba que não incluí o amor como um aspecto da energia feminina. O amor, em sua forma mais pura, vivencia uma confluência dos poderes masculinos de conhecimento, proteção, análise e controle, com o fluxo feminino de aceitação gentil, paz, compreensão e compaixão. Em outras palavras, o amor é o lugar em que as energias masculina e feminina se unem em equilíbrio perfeito.

Isso é expressado em poesia por Diane Walker, em uma postagem em seu blogue, *Gospel of Thomas*:

Vamos correr para os montes,
nós, os dois rios do amor,
emitindo luz dourada ao passar.
Quem sabe,
quando chegarmos lá,
já teremos nos tornado um.

Aprenda bem essas lições, meu amigo.

Tendo agora recebido a bênção desses *insights*, estamos totalmente preparados para passar para a próxima câmara da nossa jornada: a Casa do Anseio e do Conflito.

Capítulo 11

SEGUINDO O FIO DOURADO

Colocado no lugar muito antes do atemporal "era uma vez", o fio dourado será nosso guia ao longo deste capítulo. Estamos percorrendo o reino mágico da sabedoria atemporal das histórias antigas e dos contos de fada. Seguiremos o fio até as profundezas da própria fonte de nossa escuridão, para podermos descobrir nossa luz. Como Glinda declarou, na Terra dos Munchkins, ao lhe perguntarem por onde começar a jornada na estrada de tijolos amarelos: "É sempre melhor começar pelo começo".

Seguindo esse sábio conselho, começamos nossa jornada pelo começo, a mais sombria câmara do nosso templo. Dali seguiremos nosso caminho, sistematicamente, subindo por quatro planos, até chegarmos à fonte da nossa luz. Seja corajoso, meu amigo, e se segure, pois vamos começar esta jornada de cura sagrada – siga o fio dourado, siga o fio dourado, siga o fio dourado!

O templo circular de yin e yang

Na filosofia chinesa antiga, o conceito de *yin* e *yang* representa um equilíbrio entre sombra e luz, negativo e positivo, e as energias masculina e feminina. Ele mostra a ilusão da dualidade graficamente, descrevendo

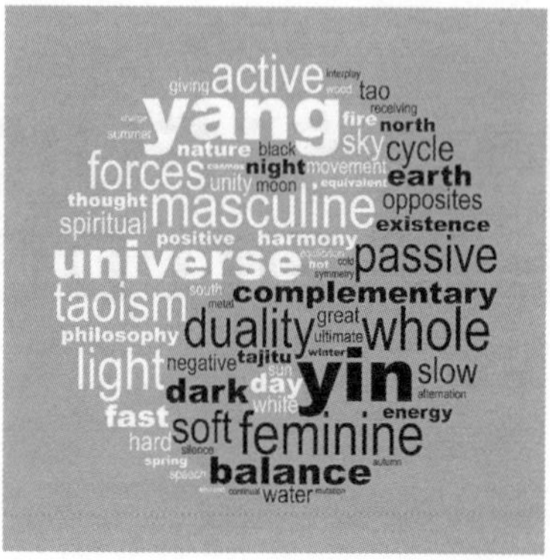

como forças aparentemente opostas são, na verdade, complementares, interconectadas e interdependentes no mundo natural, e como uma faz a outra surgir à medida que se inter-relacionam. Repare, nos símbolos presentes na imagem, o modo como a luz emerge da sombra, e a sombra, da luz. E que a luz tem, dentro de si, uma semente de sombra, e vice-versa. Incluí, também, o mesmo símbolo com um texto inserido, para mostrar a facilidade com que específicas forças opostas do mundo real são movidas gentilmente até uma neutralidade harmoniosa. Repare como as energias *yin* e *yang* cancelam uma à outra. A beleza dessas imagens está em como, sem grande esforço, elas nos dão a *sensação* de como o Universo sempre trabalha rumo à neutralidade, resolvendo o conflito.

Tudo é neutro

Conforme vamos subindo pelos andares da nossa torre de chakras, mantenha esta ideia em mente: tudo, no Universo, é neutro. Todas as coisas começam na neutralidade e permanecem neutras a menos que fiquem mais pesadas numa direção ou noutra. No momento em que julgamos algo, isso escapa da neutralidade na nossa mente, torna-se bom ou ruim, certo ou errado. Fica polarizado em maior ou menor grau. Você se lembra do drama ocorrido no jardim da Srta. Gulch? Até

Totó correr atrás do gato, estava tudo num estado de neutralidade – em paz. Quando o cãozinho "inadvertidamente" escapou de Dorothy e foi perseguir o gato da Srta. Gulch, e esta defendeu sua posição com um contra-ataque vingativo em Totó, as coisas deixaram a neutralidade e entraram em conflito.

Assim que começou o processo de julgar quem está certo e quem está errado, começou a guerra. Cada lado insistia em estar certo. Então a guerra continuou, até que um tornado a rasgou ao meio. Um jeito muito melhor de encerrar o conflito é uma das partes, qualquer uma, largar a necessidade de ter razão; depois disso, logo todas as coisas retornam à neutralidade e à paz.

Pergunte-se isto: "Eu prefiro estar certo ou ser feliz, estar em paz?".

Eu lhe darei algo em que pensar: existe pouco ou nenhum valor em estar certo; ficar em um estado de tranquilidade, no entanto, não tem preço. Essa verdade única, se fosse compreendida e empregada em todo o planeta, encerraria todas as guerras.

Trocando mais uma vez de metáfora, imagine agora um templo circular de muitos andares. Esse edifício contém:

- Nível 1: um porão no subsolo.
- Nível 2: saguão ou recepção no térreo.
- Nível 3: logo acima do saguão, um apartamento residencial.
- Nível 4: outro apartamento residencial.
- Nível 5: outro apartamento residencial.
- Nível 6: outro apartamento residencial.
- Nível 7: a cobertura do proprietário.
- Nível 8: a torre do telhado, com uma luz brilhante.

Esse templo residencial representa nosso corpo, com cada andar ou nível simbolizando as respectivas energias de chakra tradicionais.

Peço que você pare um pouco, agora, e componha uma imagem visual desse edifício.

Certo, muito bem, agora podemos ocupar nosso templo com oito fantásticos inquilinos: prepare-se para conhecer seus vizinhos!

Nível 1, porão
Chakra básico – vermelho – alarme

Bruxa Má, sombra; gênero: feminino; energia: masculina
Calabouço – fornalha, armazém e depósito de lixo

Aqui fica o "calabouço", lar de uma aprisionada Bruxa Má. A porta é vermelha, cor usada em geral para avisar do perigo. Ela é caracterizada, na nossa história, como do gênero feminino, mas tem as mais sombrias formas da energia masculina. Ela acha que foi condenada injustamente, pois não lhe permitem que saia à luz do dia para se defender, e, por causa disso, está enfurecida! Uma plaquinha na porta de sua residência diz:

SE EU FOSSE VOCÊ, DARIA MEIA-VOLTA!

Simbolicamente, essa raiva representa o fogo da nossa fornalha; ela queima 24 horas por dia.

Na maioria dos casos, esse fogo arde silenciosamente, e só raramente ficamos cientes de sua presença. Se houve abusos na nossa infância, e dependendo do grau e da duração desse abuso, esse fogo pode fugir do controle. Se não ficarmos atentos, ele pode causar sérios danos à estrutura principal e às áreas circundantes. Repare que, no filme, a arma favorita da Bruxa Má é o fogo, em geral apontado para o Espantalho, por causa da vulnerabilidade dele ao fogo. Na Terra dos Munchkins, ela aparece em meio ao fogo e desaparece dentro dele.

A atmosfera, aqui no porão, é sombria, úmida e pegajosa, um lugar perfeito para armazenar nossas autoimagens indesejadas e nosso lixo: pecado, vergonha e culpa que achamos que temos. É aqui que nossos fracassos e erros são guardados e escondidos, longe dos olhos das pessoas.

Metaforicamente, a Bruxa Má representa nossa sombra psicológica. É importante, aqui, notar que a Bruxa Má não é, necessariamente, uma pessoa, mas uma energia, sobretudo de raiva. Ficamos com raiva de nós mesmos por termos cometido erros. Estamos bravos conosco por todos os nossos fracassos. Estamos irritados conosco por termos magoado os outros. Estamos com raiva de nós mesmos por termos chateado a nós mesmos. Estamos com raiva.

O problema, aqui, não é tanto os supostos pecados, vergonhas e culpas, mas a raiva que eles inflamam em nós. Pensando no filme, podemos ver que a Bruxa Má está furiosa, nem tanto por ter perdido a irmã, mas porque Dorothy pode viver em liberdade, na cobertura, no topo do nosso templo residencial, enquanto ela é forçada a ficar encarcerada no calabouço. Ela sente que foi condenada injustamente e jura vingança: "Eu vou pegar você, queridinha, e seu cãozinho também!".

Preste muita atenção ao fato de que a Bruxa Má está sempre atrapalhando Dorothy quando a menina está tentando fazer algo. Não sei de você, mas eu a vejo dando as caras na minha vida, tentando bloquear o caminho em quase toda nova empreitada que começo. Ela está ali, na estrada, me lembrando de que sou fundamentalmente falho, cheio de pecados, vergonhas, culpas, e que não mereço uma vida de alegria. Ela suga a energia vital de pensamentos e ideias que poderiam ser realizados pelo bem de nós mesmos e dos outros.

O que ela quer? Ela quer ser libertada para sair à luz do dia, mas não podemos permitir que isso aconteça, certo? Ela é uma parte de nós que é suja e fedida demais para ser revelada. Podemos apenas torcer para, um dia, arranjarmos um jeito de limpá-la. Talvez uma boa chuveirada pudesse prepará-la para sair à luz do dia. Veremos.

Vamos dar uma olhada rápida em outro andar, e talvez isso esclareça o relacionamento entre Glinda, a Bruxa Boa, e a Bruxa Má – que representam os opostos em todos nós. A história de *Wicked* é derivada da história de Oz, e identifica a fonte da energia negativa da Bruxa Má.

Conta a história que um bondoso pastor e sua esposa moravam em um chalé nos arredores da Terra dos Munchkins. Ele era um pastor itinerante, pregava o evangelho para as pessoas por todo o território. Raramente estava presente para cuidar da esposa e do lar. Por causa disso, a esposa levava uma vida muito solitária. Durante uma das longas viagens do marido, ela se apaixonou por outro ser de Oz. Ninguém sabe quem ou o que era esse ser (alguns dizem que era o Mágico), mas uma criança extraordinária nasceu desse relacionamento. A criança tinha pele verde e dentes de tubarão – muito embaraçoso.

Quando o marido finalmente voltou para casa, ficou chocado ao descobrir esse novo membro da família. Claro que ele imediatamente soube que a esposa tivera um caso, mas, em vez de culpá-la pelo pecado, aceitou parte da responsabilidade, pois raramente estava em casa para ela. Então ele disse à esposa: "Devemos escondê-la dos vizinhos, assim ninguém ficará sabendo dos nossos pecados". E foi isso que fizeram: esconderam a criança proveniente do pecado no porão, debaixo do chalé. Muito tempo passou, e a criança cresceu e se tornou uma moça muito pouco atraente. O que fazer então?

Esse pedacinho minúsculo da história é importante porque joga um pouco de luz sobre por que temos essa "bruxa má" morando no nosso porão. Ela representa partes obscuras e vergonhosas de nós que nos recusamos a aceitar, soltar e permitir que as outras pessoas vejam.

Apenas um comentário: se você tiver a oportunidade de ir ao teatro assistir ao musical *Wicked*, eu o recomendo muito. Acho o livro um pouco longo demais, mas o musical é fascinante.

Nível 2, andar térreo
Chakra sacro – laranja – cuidado

Domínio do Mágico, ego; gênero: masculino; energia: masculina
Recepção e segurança

O andar térreo do nosso templo residencial representa o segundo chakra, o sacro, a energia que tem muito a ver com proteção, defesa, controle e ataque. É a área da recepção, na qual os visitantes são recebidos e orientados para os aposentos nos andares superiores, após passar pela segurança. O saguão é muito claro, arejado e decorado lindamente com objetos brilhantes. O recepcionista não para um segundo para garantir que a recepção seja a melhor da cidade; tem sempre de estar um brinco.

Esse recepcionista é duas caras, no entanto. Enquanto recebe com um rosto sorridente, existe a parte amedrontada dele escondida atrás de uma porta laranja com uma placa em que se lê

SALA DE CONTROLE.

Ali fica uma sala adjacente na qual o recepcionista observa os visitantes pelo circuito de vídeo para garantir que não peguem o caminho errado: não seria bom que alguém desse de cara com a Bruxa Má, certo?

Esse andar é ocupado e controlado pelo Mágico, e representa nosso ego. A energia principal dele é o medo de que os visitantes quem por ali passar possam descobrir os segredos do porão; ele faz de tudo para impedir que isso aconteça. Uma das táticas dele para impedir que sejamos descobertos é nos encorajar a usar uma camuflagem colorida na forma de objetos brilhantes, joias, carros, roupas de marca, relacionamentos com as pessoas certas, e assim por diante. Além disso, ele tem medo de que não haja coisas suficientes, e às vezes chega ao ponto de se tornar um acumulador, enterrando-se em bens materiais inúteis. Em seus esforços para se certificar de que estamos em segurança, o ego aprisionou a si mesmo e a nós em seu mundo de medo. Tudo que ele faz é movido pelo medo, que ele extrai do fogo, do caos e dos gritos que vêm da Bruxa Má, logo abaixo dele, no porão.

Embora o filme não mencione isso, no livro, sempre que as pessoas chegam perto da Cidade das Esmeraldas, elas são forçadas a usar um par de óculos com lentes verdes, o que nos faz perguntar: será que a Cidade das Esmeraldas é mesmo uma cidade das esmeraldas? Hum, talvez não. O Mágico/ego usa todo tipo de truque para garantir que o pecado, a vergonha e a culpa permaneçam secretamente trancafiados no porão, o que, no fim, acaba impedindo nossa liberdade. Peço que você pense nisto: se tivermos que escolher entre a liberdade em uma mão e a segurança na outra, ambas serão perdidas se escolhermos a segurança. Nunca estaremos completamente seguros, por causa dos muitos perigos naturais que há nas estradas da vida. No entanto, se nos mantivermos em alerta e aceitarmos os perigos inevitáveis, podemos ser felizes na maior parte do tempo. Quando aprendermos a nos amar e nos aceitar como somos, completamente, com todos os defeitos e mágoas, o controle do Mágico/ego será encerrado, e ele passará de carcereiro para líder servil.

Nível 3
Plexo solar – amarelo – medo

Suíte presidencial particular do Leão; gênero:
masculino; energia: feminina
Medo de tudo

Apesar de chamarmos este de Nível 3 do nosso prédio, na verdade, ele é o segundo andar, logo acima da área da recepção, governada pelo Mágico/ego. A porta dessa suíte é amarela (cuidado), e é o domínio do Leão, representando todos os nossos medos. Quando pegamos o elevador até esse nível, a porta não abre a não ser que o inquilino a tenha destrancado. Quando saímos do elevador, deparamos com outra entrada para a suíte, esta com um monte de fechaduras e pelo menos três olhos mágicos para ver quem pode estar do lado de fora. Ninguém pode entrar enquanto não é minuciosamente checado. Uma placa na porta declara com ousadia:

CUIDADO, REI DA SELVA!

O terceiro chakra, o plexo solar, é o local, no nosso corpo, em que mais sentimos medo. Quando algo nos assusta, imediatamente contraímos a área do plexo solar, às vezes até a ponto de sentir um mal-estar físico. Portanto, coloquei o Leão nesse chakra, cuja cor é o amarelo. Antigamente, quando uma pessoa era covarde ou ficava com medo, costumava-se dizer que ela tinha "amarelado". Talvez você já tenha, também, ouvido a expressão "não tenho estômago para isso". Isso significa que a pessoa não é boa o bastante, forte ou corajosa o suficiente. Então, o verdadeiro problema que o Leão tem é que, muito embora ele viva no corpo do rei da selva, seu mundo interior não reflete essa energia. Não, o mundo interior desse leão é bondoso, compassivo, amigável e solícito. Não há uma porção de maldade sequer nesse corpo real. Portanto, a sensação profunda é de que "não sou o que as pessoas esperam de mim". Quando Dorothy pergunta ao Leão por que ele tem tanto medo, eis a resposta:

"Sim, é triste, minha querida,
quando você nasce para ser maricas
sem brio nem vigor...
... então, negar não posso, não:
sou apenas um dente-de-leão,
um destino que não mereço."

Esse último verso entrega tudo: "então, negar não posso, não: / sou apenas um dente-de-leão / um destino que não mereço". Não é preciso observar com tanta atenção para perceber que esse rei da selva é bem afeminado, algo que certamente não é o que as pessoas esperam dele, considerando o tamanho e a aparência. Ele é apenas um leão gentil, não um líder exigente e implacável do reino animal. Não obstante, mesmo assim quer ser aceito no mundo do jeito que ele é.

Nossos medos, na maior parte das vezes, são autoinfligidos. Aterrorizamos a nós mesmos pensando no que pode nos ferir, e boa parte disso não é uma ameaça, nem um pouco. É apenas nosso ego, desesperado para manter o controle, que reage com exagero às situações. No filme, quando o grupo está passando pelo corredor que leva à sala do trono do Mágico, com o Leão logo atrás, relutante, quase paralisado de medo, ele para do nada e grita:

– Qual é o problema? – pergunta o Espantalho.

– Alguém puxou meu rabo! – exclama o Leão.

O Espantalho, notando que o Leão estivera com o rabo nas mãos o tempo todo, informa-o disso:

– Foi você mesmo que puxou!

Sou um grande fã de Louise Hay e de seus métodos para aprendermos a nos amar e nos aceitar do jeito que somos. Ela criou a lista dos *12 jeitos de amar a si mesmo*, e um deles diz: "Pare de colocar medo em si mesmo!". Faria bem ao Leão adotar esse hábito, e a nós também. Além de muito cansativo, pode nos deixar fisicamente doentes sair para o mundo todos os dias tentando ser do jeito que achamos que as pessoas acham que deveríamos ser! Já é preciso ter uma quantidade enorme de coragem só para ser quem somos. Foi para isso que o Leão foi ver o Mágico – para encontrar a coragem de ser quem ele é, sem desculpas.

Minha filha sabe que sou uma pessoa mais matutina. Costumo acordar e começar as coisas antes mesmo de o sol nascer. Alguns anos atrás, ela me deu uma plaquinha para colocar na parede, que diz: "Sempre gostei das horas antes do amanhecer, porque não tem ninguém por perto para me lembrar de quem esperam que eu seja, então é mais fácil lembrar quem eu realmente sou". Na minha experiência, aprendi que essa afirmação está muito correta.

Um momento de pausa para reflexão

Conforme prosseguimos com esta exploração da nossa analogia do templo, peço que você pare um pouco para reparar em como as energias dos muitos níveis vão ficando mais leves e menos amedrontadas conforme seguimos rumo ao topo. Até as cores dos chakras vão esfriando conforme subimos, passando do vermelho para o branco. Quanto mais longe estamos da raiva que há no porão, menos essa energia nos afeta negativamente. No entanto, conforme prosseguimos, notamos que o medo, embora menos severo, continua a afetar negativamente o morador de cada nível da estrutura.

Nestes tempos complicados, o planeta inteiro funciona principalmente a partir dos três níveis ou chakras inferiores – atolado no medo. É tudo energia negativa masculina tentando desesperadamente controlar, defender, atacar e dominar territórios e ideologias para protegê-los. É tudo um retrocesso para a era do homem das cavernas, quando as ameaças que enfrentávamos eram genuínas. Era incumbência do macho da espécie defender a vila e atacar os animais para se alimentar. A fêmea da espécie ficava com a tarefa de nutrir e cuidar com compaixão, tanto dos mais novos quanto da comunidade, para mantê-los a salvo.

No mundo moderno, deixamos para trás a necessidade desse nível de medo, e por isso a maioria das nossas preocupações gira em torno de coisas que não são ameaças reais, mas apenas o ego reagindo exageradamente às situações: "Alguém puxou meu rabo!".

"Foi você mesmo que puxou!"

A partir daqui, passaremos por níveis que têm mais das energias femininas de amor, sabedoria e visão. Mesmo assim, essa energia mais leve saiu da neutralidade, por causa do medo que vive abaixo. Você se lembra da analogia do solo tóxico no qual a árvore cresce? As raízes continuam extraindo a toxicidade, e a transmitem para a árvore; felizmente, quanto mais alto estivermos, mais o veneno é filtrado ou liberado.

Hora do intervalo

Ascender por entre as camadas de consciência que residem em nossa estrutura residencial foi árduo e estranho, e ainda temos muito a subir. Acho melhor fazer uma pausa aqui, para descansar, e voltar daqui a pouco, para retomar a escalada. Então, pegue uma bebida, uma xícara de chá, ou faça um passeio na natureza ou um pouco de meditação antes de continuarmos. Aproveite o intervalo.

Estou aqui aguardando para me reunir com você no coração de Oz.

Capítulo 12

ASCENDENDO PARA A LUZ

Bem-vindo de volta. Há muito a explorar, então daremos gentilmente um passo para o nível do coração, sem maiores introduções.

Nível 4
Chakra cardíaco – verde

Suíte presidencial particular do Homem de Lata;
gênero: masculino; energia: feminina
Sem coração – incapaz de amar ou de ser amado

No coração do nosso templo, a porta é verde, simbolizando o ciúme. Talvez você se lembre do verso da canção do Homem de Lata, no filme: "... Só para registrar emoção, ciúme, devoção, e cumprir bem o papel, eu seria jovem e animado, e guardaria bem guardado, se eu tivesse um coração".

Muito embora aqui seja o lar do coração, ou, poderíamos dizer, do amor, ele não tem nada de incondicional. O amor aqui é puramente emocional, e inclui as ideias de devoção eterna, e as emoções estressantes de ciúme e medo de não ser correspondido. A canção do Homem de Lata também menciona o conceito de guardar o coração bem guardado, presumivelmente para que ninguém nunca mais possa feri-lo de novo.

No trabalho ao qual me dediquei por muitos anos, descobri que a grande maioria das pessoas tem medo do amor. Por que alguém teria medo do amor? Respondo essa pergunta fazendo outra: você conhece alguém, incluindo a si mesmo, que nunca teve o coração partido? Uma das feridas mais profundas e duradouras que podemos vivenciar é um coração partido. Pode levar muito tempo para curar, e deixa cicatrizes de abandono, raiva, amargura, e o medo de permitir que o amor entre novamente. É interessante que muitas empresas, se não todas, dão um tempo para a pessoa curar um osso quebrado, mas não o tempo necessário para curar um coração partido.

Conforme vou apresentando a você os personagens do filme segundo se aplicam às energias dos chakras, peço que lembre que estou falando sobre quando essas energias estão desequilibradas e funcionando a partir de uma energia negativa, em vez de neutra. Um propósito essencial desta jornada profunda em Oz é descobrir o que pode nos impedir de ficar satisfeitos e contentes com a vida e de encontrar a fórmula secreta para ter paz duradoura, que está escondida no Santo Graal.

Nível 5
Chakra laríngeo – azul

Suíte presidencial particular do Espantalho;
gênero: masculino; energia: feminina
Sem cérebro, não inteligente o bastante

No quinto nível da nossa estrutura, encontramos o lar do Espantalho. A porta é de um azul-celeste, representa o vazio do céu, que simboliza a ideia que o Espantalho tem de que a cabeça dele é vazia como um céu limpo. Além disso, o azul representa o humor dele; como se diz, em inglês, que a pessoa está "azul" quando está meio deprimida, assim ele se sente por não ter um cérebro. A placa na porta diz:

CABEÇA DE PALHA.

O Espantalho e todos os outros personagens da nossa história já têm o que estão procurando. Eles apenas foram convencidos por mensagens e circunstâncias negativas anteriores de que não têm esses elementos essenciais.

Quando assistimos ao filme, não demoramos para perceber que o Espantalho é, na verdade, sábio; ele resolve todos os problemas que aparecem durante a história. O que é interessante sobre uma mente vazia é que o pensamento cognitivo não impede a sabedoria. Encontramos o Espantalho no chakra laríngeo, que, quando equilibrado, produz comunicação compassiva. O chakra laríngeo localiza-se no meio do caminho entre a cabeça e o coração, onde a experiência e o pensamento cognitivo se encontram com o amor e a compaixão do coração – uma confluência que sempre produzirá grande sabedoria.

O que é sabedoria?

Minha definição de sabedoria é esta: o conhecimento com a experiência, destilados por meio do coração ao longo do tempo. É assim que funciona. Primeiro, aprendemos algo; depois, precisamos ter experiência prática daquilo que aprendemos; em seguida, destilamos esse conhecimento e essa experiência por meio do coração, com o tempo. O conhecimento básico é informação; a experiência é aplicação. A destilação no coração remove impurezas de preconceito, julgamento, medo, e assim por diante, produzindo o resultado puro de amor, compreensão, compaixão e aceitação. Certo, essa é a teoria. Agora, vejamos como ela se aplica no laboratório, ou, podemos dizer, no "mundo real".

Você já se deparou com uma pessoa que parecia precisar de ajuda com algo e correu para ajudá-la, apenas para descobrir que ela preferia fazer tudo sozinha? Talvez a pessoa até tenha ficado brava com você, pela sua bondade. Após algumas situações como essa, você aprende a perguntar, respeitosamente, se a pessoa precisa de ajuda. Muitas pessoas com certas incapacidades obtêm respeito próprio por realizar tarefas desafiadoras apesar de sua "incapacidade". Você se lembra do incidente que mencionei antes, quando o homem tentou aquele ato de bondade de me dar o boné dele? Tenho certeza de que a intenção dele era pura, mas meu desconforto poderia ter sido evitado se ele tivesse oferecido o boné de uma maneira que me permitisse recusar com gratidão.

Tenho certeza de que, se você passar um tempo refletindo sobre si mesmo, descobrirá que tem muito conhecimento que foi destilado em sabedoria ao longo do tempo.

A estrada de tijolos amarelos

Dorothy encontra o Espantalho em uma junção de quatro caminhos na estrada de tijolos amarelos. Ela e Totó estão tentando resolver para onde ir, já que há quatro opções para seguir na estrada. De vez em quando, todos nós nos encontramos numa encruzilhada, sem saber para que lado ir. Totó, que representa a intuição de Dorothy, corre daqui para lá, mostrando que não está confiando em sua natureza intuitiva. O Espantalho, que estava ali preso em uma vara no meio do milharal, oferece um sábio conselho: "Alguns vão para lá, alguns vão por aqui, e alguns vão pelos dois caminhos". Com seu jeito inocente, ele diz que não importa para que lado as pessoas estão indo; todas as opções são estradas de tijolos amarelos e, presumivelmente, levarão Dorothy aonde ela precisa ir. Lá na Terra dos Munchkins, quando perguntam a Glinda "mas e se...?", ela dá a simples instrução de apenas seguir a estrada de tijolos amarelos.

Se lhe disserem repetidas vezes que você não é inteligente o bastante, logo você começará a acreditar e vai parar de tentar aprender. Sendo disléxico, quando eu estava no ensino fundamental, nos anos 1950, tempo em que a dislexia ainda não havia sido identificada, quem tinha essa condição era rotulado como "incapaz de aprender" e deixado de lado. Se repetimos para nós mesmos essas mensagens que vêm dos outros – "você é um cabeça de palha, sem cérebro, não é inteligente o bastante para ter sucesso", e assim por diante –, elas se tornam profecias autorrealizadoras que validam os problemas. O Espantalho se sente inútil porque não desempenha bem a tarefa simples de espantar os corvos; ele não tem a menor consciência de sua sabedoria natural. Quando Dorothy lhe pergunta o que ele fará com um cérebro se tiver um, ele começa a cantar e a dançar: "Eu passaria muitas horas conversando com as flores, a chuva, ah, se eu pudesse. Eu dançaria e seria feliz. A vida seria uma alegria, se um cérebro eu tivesse". Esse tipo de pensamento vem direto do coração, não do cérebro; acho que nosso Espantalho tem um quê de poeta, também.

Nível 6
Terceiro olho – índigo

Casinha de cachorro do Totó (primeiro andar da cobertura);
gênero: masculino; energia: feminina
Indeciso, não confia na intuição e nos instintos

A porta que leva à morada de Totó é da cor índigo, que é a cor do chakra da intuição e da profunda introspecção, quando em equilíbrio. Entretanto, quando estamos inseguros, é muito improvável que confiemos na intuição, o que leva à confusão e a decisões equivocadas. Impulsos intuitivos podem, muitas vezes, parecer irracionais, porque não envolvem um processo de pensamento. No instante em que começamos a analisar a inspiração intuitiva, é provável que a percamos e, por praxe, recorramos a um processo de pensamento analítico.

Pensando na encruzilhada na estrada de tijolos amarelos, junto ao milharal, lembramos que Dorothy pergunta a Totó para que lado eles deveriam ir. Em resposta, ele começa a entrar em um caminho, depois volta e vai para outro, e acaba girando em círculos, sem ir para lado nenhum. Muito embora Totó viva no nível da intuição elevada, a placa acima da porta dele diz: CONFUSO. Confuso por quê? Porque a falta de confiança na intuição tende a criar confusão. Como um "cervo diante do farol", não estamos confiando em nossos impulsos intuitivos, então vamos daqui para lá, num estado de paralisia de análise, o que pode ser desastroso.

Lembre-se de que Totó, a intuição de Dorothy, foi inspirado a perseguir o gato, e foi isso que os levou a Oz, para começo de conversa. Mais tarde, na história, a resposta instintiva de Totó de perseguir outro gato faz com que ele salte do cesto do balão que os teria levado de volta para o Kansas. Será que Dorothy seguiu um forte impulso intuitivo ao permitir que Totó perseguisse aquele gato, no Kansas, o que resultou no voo turbulento e no pouso forçado em Oz? Será que ela seguiu outro forte impulso intuitivo que fez com que perdesse a viagem de balão que a levaria de volta para casa? Lembre-se de que a intuição nem sempre parece racional. Se Totó não tivesse perseguido o gato no Kansas, talvez não tivesse ocorrido a viagem para Oz. Se Totó não tivesse perseguido o gato em Oz, Dorothy poderia ter ido para casa cedo demais, sem receber a grande dádiva de compreensão profunda que lhe é concedida pouco antes de ela partir para casa, alguns minutos depois.

Nível 7
Chakra coronário – violeta

Suíte da cobertura de Dorothy (conectada à morada de Totó);
gênero: feminino/levemente masculino (quase na neutralidade)
Perdida, em busca de um lugar ao qual pertencer

Finalmente chegamos à morada da nossa heroína. A porta que leva aos aposentos dela é de uma cor violeta rica e profunda, e representa sua descendência real, por ser filha de Deus. No entanto, a inscrição acima da porta nos dá a dica de que talvez ela não acredite que é merecedora dessa herança:

OS PEQUENOS E MANSOS.

Ela é a única proprietária e gerente desse belo templo, mas ainda se sente incompleta e assolada pela insegurança e pela confusão.

A sensação de não ser boa o suficiente a assombra noite e dia – não inteligente o bastante, não amável o bastante, não forte ou corajosa o bastante. É provável que ela acredite ser vítima das circunstâncias, e o pior foi ter sido cruelmente abandonada, como órfã, nesse mundo seco e empoeirado, sem nenhum amigo com o qual se identificar, exceto Totó.

Embora Dorothy conviva com todo esse conflito interno, ela é firme e capaz de funcionar meio que "normalmente" nesse mundo que a circunda. É possível que seja uma aluna mediana na escola e que realize bem as tarefas da casa. Seus momentos preferidos são as horas felizes em que ela brinca com Totó. Então ela, de certa maneira, está bem.

Estar de certa maneira bem representa a encruzilhada na qual eu quis procurar um jeito de ficar mais satisfeito com a vida. Eu estava indo bem, mas ainda sentia que algo de fundamental estava faltando.

Como todos nós, Dorothy não tem como saber que não há nada faltando; aquilo que estamos procurando já está dentro de nós.

Talvez este pequeno poema do poeta sufi do século XIII Rumi lance um pouco de luz sobre esse assunto, para nós.

"Eu vivi à beira
da insanidade, querendo saber os motivos,
batendo a uma porta. Ela se abre.

Eu estava batendo de dentro."

O processo de autorrealização já começou, pois encontramos e aceitamos partes nossas essenciais ao longo da estrada de tijolos amarelos. Por uma profunda compaixão, abraçamos cada uma delas, mesmo com inseguranças e mágoas. Estamos bem adiantados no caminho rumo ao coração liberto que buscamos.

Nível 8
Espírito Santo, conexão com a fonte; branco puro

Terraço da torre iluminada de Glinda;
gênero: feminino; equilíbrio perfeito entre masculino e feminino
Abertura para o campo unificado

Caminhando por um corredor na suíte da cobertura, encontramos mais uma porta. Essa porta é de um branco puro, tão branco que parece translúcida, como se estivesse brilhando. A inscrição acima da porta diz:

A LUZ.

Batemos a essa porta, e, para nossa surpresa, ela se abre! Após passar por uma pequena escada, entramos no terraço da nossa estrutura. A única coisa que há nesse terraço é uma torre alta com uma luz brilhante no topo. Essa luz banha todo o edifício numa luminescência pura e divina. Podemos chamar essa torre de luz de Espírito Santo, pela qual podemos trocar mensagens com a fonte do Universo.

Como já mencionei, o Espírito Santo é representado por Glinda, a Bruxa Boa do Norte. Quando assistimos ao filme, descobrimos que Glinda nunca interfere em relação a Dorothy de maneira nenhuma, nem boa nem ruim – a não ser que lhe peçam ajuda. Se lhe pedirem ajuda, esta é sempre fornecida de modo não intrusivo, permitindo que escolhamos o que achamos que é melhor para nós. Essa é a natureza do modo pelo qual o Espírito Santo interage conosco na nossa jornada de vida. Sempre temos a chance de escolher; mais uma vez, "os seres humanos têm o poder de criar sua própria experiência de vida".

Fique à vontade para ponderar sobre isso do jeito que achar melhor. Para mim, no entanto, a mensagem parece ser a de uma forte necessidade de que mais energia feminina seja entrelaçada em nossas culturas predominantemente masculinas para criar e manter um equilíbrio melhor.

No Kansas, Dorothy visualizou um brilhante e colorido arco-íris como caminho para a salvação. Acabamos de passar pelo nosso sistema de chakras, e cada um deles coincide perfeitamente com as cores do arco-íris. Como eu já disse, há muito mais nas coisas do que podemos ver a olho nu. Existe muita coisa entrelaçada na tapeçaria da "realidade". Quando nos dispusermos a ir mais fundo, encontraremos beleza em tudo. Ao passar pelo sistema de chakras, da base ao topo, nos conduzimos, passo a passo, diretamente até a luz no topo. Essa luz é a fagulha do divino, a força vital, ou alma, que anima nosso corpo.

Você se lembra do poeminha brilhante do Ursinho Pooh, mencionado no começo deste livro, "Como podemos chegar longe se não sabemos quem nós somos?". Esse sábio conselho nos instrui a descobrir quem somos, o que somos, e como aplicar nosso verdadeiro poder para criar uma experiência de vida cheia de alegria para nós e para os outros.

Agora que sabemos o que nossa estrutura contém, as questões de quem somos e o que temos foram respondidas. Ao prosseguir em nossa jornada, receberemos verdadeiras aulas sobre como usar nosso quem e nosso o quê. Teremos de empregar autocompaixão, coragem, sabedoria, intuição e orientação divina quando passarmos para essa próxima fase da nossa jornada.

Capítulo 13

ALGUMA COISA COM VENENO

Estamos de volta à estrada de tijolos amarelos, agora, após uma excursão bastante extensiva em uma toca de coelho, e a primeira coisa que descobrimos é que a Bruxa Má lançou um dos feitiços mais maldosos de seu repertório: "E agora, meus fofinhos, alguma coisa com veneno, eu acho. Com veneno, mas atraente para o olhar e agradável para o olfato. Papoulas, papoulas. Papoulas vão colocá-los para dormir. Dormiiir. Agora, eles vão dormiiir!".

Após descobrirmos e integrarmos nossa força na forma duvidosa de um afeminado leão covarde, finalmente nos flagramos saindo da floresta com a reluzente Cidade das Esmeraldas à vista. Adiante também há um sedutor campo de papoulas vermelhas entre nós e nosso destino: vermelho, a cor do chakra na porta do calabouço da Bruxa Má em nosso templo.

De todos os estágios da nossa aventura pela Terra de Oz, este talvez seja o mais perigoso. A Bruxa Má sabe como pode obter controle total sobre todos nós: papoulas.

Esse campo de papoulas representa todas as coisas, na nossa jornada pela vida, que podem nos tirar do caminho e nos colocar para dormir – permanentemente, em alguns casos. Sabemos que a papoula é a fonte do ópio, e, por extensão, nessa história, remete a todos os comportamentos de vício – incluindo a autossabotagem. Existem inúmeras histórias de pessoas brilhantes, talentosas e bem-sucedidas que eram bloqueadas e até "postas para dormir" por comportamentos de vício e compulsão. A papoula representa diretamente o vício em substâncias, mas representa indiretamente todo hábito de vício ou compulsão – comida, sexo, drogas e rock'n'roll, para mencionar alguns.

Ficamos empolgados porque nosso objetivo, nosso destino, está bem próximo. Então entramos com tudo na plantação de papoula, a toda velocidade, mas logo começamos a desacelerar até parar, pois cada um de nós, exceto o Espantalho e o Homem de Lata, fica com muito sono. O cheiro adocicado da papoula está nos sedando, nos colocando para dormir. Agora, tendo cedido ao transe gerado pela papoula, perdemos totalmente o interesse pela missão e pelos desejos da vida. Fomos aprisionados pela papoula, que continua nos distraindo com sua beleza e aroma doce.

Felizmente, apenas aqueles feitos de carne e osso podem ser seduzidos pela papoula. O Espantalho e o Homem de Lata têm imunidade natural, pois são planta e minério. Eles fazem de tudo para nos livrar da influência da papoula, mas não adianta nada; eles simplesmente não têm força para isso. Percebendo sua incapacidade nessa situação, o Homem de Lata corre em círculos, berrando por socorro. O Espantalho o repreende por berrar, pedindo ajuda para ninguém: "Não adianta berrar; ninguém está ouvindo!". Ao pronunciar essa frase, ele percebe que existe apenas uma opção disponível: procurar ajuda em outro lugar. Mas de quem?

Simbolicamente, o Espantalho representa nossa sabedoria, e o Homem de Lata, nosso coração. Assim, quando tudo parece perdido, esse é o momento em que nosso coração e nossa sabedoria se unem para nos incentivar a olhar para o céu e pedir ajuda. Quando estamos perdidos numa situação em que não há o que fazer, e nossos amigos não conseguem nos ajudar, há somente um lugar de onde pode vir a ajuda – da intervenção divina.

Conforme apontei anteriormente, ao longo da nossa história, Glinda, representando o Espírito Santo, nunca interfere nas escolhas de Dorothy. Ela não tem dúvida de que essa é a vida de Dorothy, e lhe permite fazer as próprias escolhas livremente. Se Dorothy escolherá levar uma vida de liberdade e alegria, ou se escolherá pôr fim à vida prematuramente, essa é uma escolha que é seu direito divino. No lado oposto de nossa situação polarizada, a Bruxa Má (os supostos pecados, vergonhas e culpas) está bloqueando o nosso caminho, sempre tentando tirar nosso poder.

Intervenção divina

O único momento em que o Espírito Santo interferirá nas nossas escolhas é se, humilde e sinceramente, pedirmos ajuda. O Espantalho, nossa sabedoria, e o Homem de Lata, nosso coração, estão, humilde e sinceramente, pedindo ajuda com sua oração desesperada, e por isso a ajuda deve ser concedida. A Bruxa Má criou esse problema, com um perigoso preparado de pecado, vergonha e culpa borbulhando no caldeirão. Com o poder maior do perdão, a Bruxa Boa anula tudo isso com um aceno de seu cetro sagrado, criando uma neve suave que cai sobre as papoulas, fazendo-as murchar e se dissolver.

Parada

Vamos recuar um passo e observar melhor a cena. O campo de papoulas, o vício, foi criado a partir da nossa crença de que temos pecado e culpa. Nosso ego cria o vício para nos ajudar a nos esconder daquilo que ele enxerga como os pecados do nosso passado.

Acredito que a forma mais efetiva de oração é uma oração afirmativa, na qual sustentamos uma crença sincera, uma fé, uma sensação de que aquilo pelo que estamos orando já foi concedido. Não há como saber de que maneira nossas orações serão atendidas. Uma oração de afirmação adequada deixa os caminhos e os meios para o Divino, que pode acessar todas as possibilidades para nós, incluindo aquelas que nem sequer podemos imaginar. Aqui, nossa oração, nosso pedido de ajuda, é garantido efetiva e imediatamente de um modo que jamais poderíamos conjurar – neve caindo, fora de estação, de um céu azul limpo.

Mais uma vez, esse problema foi criado a partir da nossa crença em nosso pecado, nossa vergonha, nossa culpa. Glinda sabe que o melhor jeito de corrigir esse problema, em particular, será salpicá-lo com a inocência alva e pura da neve, que logo se derrete em água benta, e no mesmo instante "limpa e remove os pecados". Falaremos mais sobre isso depois.

Conforme murcha, a papoula perde o fascínio, permitindo que acordemos para um novo dia, voltemos à estrada e prossigamos no caminho rumo à Cidade das Esmeraldas.

Sobre o poder de se despojar

Há muitas situações em que nos encontramos em uma posição de não poder ajudar a nós mesmos, em que nossos amigos não conseguem nos ajudar, nem mesmo aqueles que cuidam de nós podem nos ajudar. Darei um tempo aqui, deixando Oz de lado por um momento, para compartilhar uma experiência pessoal de um momento desses, de solidão. Essa é uma história real, na qual uma afirmação negativa colide de frente com uma afirmação positiva para produzir uma experiência transformadora de estar à beira da morte.

Em 1997, eu e minha parceira de vida, Patricia, agora minha esposa, compramos nossa casa dos sonhos no interior de North County, em San Diego. Estávamos empolgados com a mudança para a casa nova, um rancho de sete hectares com uma plantação de abacate com produção comercial. A casa tinha um charme de fazenda, cálido e maravilhoso, mas estava ultrapassada, em alguns quesitos. Queríamos fazer umas melhorias antes de nos mudar.

Eu havia marcado de encontrar o empreiteiro na casa, para discutir o trabalho. O clima, nesse dia, começou com um céu parcialmente nublado e raios lindos de sol atravessando as nuvens. Era uma viagem de uns 80 km de onde eu morava, em Huntington Beach, até a casa nova. Dei um beijo na Patricia, prometi estar de volta para o jantar, entrei no Mustang conversível branco dela e dei partida na missão para deixar pronta a casa nova.

A viagem foi uma jornada agradável pela orla da praia da Califórnia, e o trânsito estava leve. A reunião foi boa, e parti para casa, para contar a Patricia o que eu tinha conversado. No entanto, o céu havia ficado escuro a essa altura, e começava a chover. Quando eu já estava mais para o norte, passando por um trecho de estrada com subidas bem íngremes, a chuva caía pesada, dificultando a visão.

Eu tinha colocado uma fita do Neil Diamond para tocar e estava cantando, todo contente, tamborilando a batida no volante. Dirigindo por volta dos 110 km/h, passei por um dos morros mais íngremes, e a traseira do carro derrapou devagarinho para a minha direita. "Opa!", eu disse. "Tá meio escorregadio aqui. Melhor ir mais devagar!" Dei uma aliviada no acelerador, e o carro voltou para um curso reto e firme. Aprendi a dirigir no Alasca, então tinha certa experiência em superfícies escorregadias. Uma coisa da qual eu tinha certeza era que, nessas situações, jamais devemos fazer correções súbitas de velocidade ou direção. Eu tinha tudo sob controle.

Esse pedaço da rodovia tinha um pedágio. Parei na cabine para pagar a taxa e fui recebido por um agente muito agradável, que também era fã do Neil Diamond. Trocamos gentilezas; paguei o pedágio e larguei a carteira no banco do passageiro, ao meu lado. Mesmo naquela chuva torrencial, eu podia ver o contorno de Huntington Beach e estava ansioso por chegar ao conforto da minha casa. Os últimos quatro ou cinco quilômetros dessa rodovia têm um morro mais íngreme que os demais. Tendo esquecido totalmente a derrapada da traseira, eu estava novamente dirigindo a 110 km/h, enquanto cantava com Neil Diamond: "Sweet Caroline, pam, pam, pam, good times never seemed sooo good...".

A traseira do carro começou a derrapar para a direita. "Opa!", eu disse comigo. "Aqui está liso, melhor ir mais devagar!" Tirei um pouco o pé do acelerador, como antes, mas a traseira continuou agindo por vontade própria, como se quisesse passar na minha frente! "Opa", eu pensei, ou disse – não tenho certeza; só sei que pisei no freio na tentativa de desacelerar. A traseira continuou seu movimento. "Epa!" E agora, senhor especialista em direção do Alasca? "Hum!" Ouvi uma instrução simples, dita por uma voz familiar, na minha cabeça: "Quando for derrapar, vire o volante na direção da derrapada". Era a voz de Bill Cosby, de um esquete de comédia que ele tinha gravado nos anos 1970, "Dirigindo em São Francisco". Seguindo as instruções com cuidado, virei o volante na direção do movimento, para a direita. A traseira continuou deslizando para lá, como antes. Olhei para o alto e berrei: "Não deu certo, Bill!".

A essa altura, a traseira do meu carro já tinha me ultrapassado totalmente! Não sei você, mas achei muito perturbador ver a traseira do meu carro me ultrapassando. Eu me vi deslizando de ré, descendo o morro, provavelmente em uma velocidade em torno de 110 km/h, e não podia fazer nada a respeito. Olhando pelo para-brisa, conseguia ver de onde tinha vindo, mas o que eu queria *mesmo* saber era onde eu ia parar!

Quando olhei para trás, descobri, para minha tristeza, que o carro estava lentamente seguindo para o canteiro central. Nessa estrada, o canteiro central era uma faixa larga de terra, uma separação entre as duas faixas opostas da rodovia. Não havia perigo de colidir com um carro que vinha na direção oposta. No entanto, na beirada desse canteiro central havia um meio-fio de asfalto de uns dez centímetros de altura. Meus instintos me diziam que, quando o carro batesse no meio-fio, deslizando de lado naquela velocidade, bem, ele provavelmente faria uma manobra das mais radicais, talvez até capotaria. Foi mais ou menos nesse momento que lembrei que estava dirigindo o adorável Mustang branco conversível da Patricia. Ai, ai!

Chegou a minha hora!

Naquele momento, percebi que aquele seria o fim da minha vida, e que dentro de poucos segundos eu ia morrer naquela rodovia molhada. Foi a sensação mais solitária que já tive na vida: saber que eu ia morrer ali e que não haveria chance de me despedir. Entrei em pânico. Comecei a pisar no freio, virei o volante para a direita e para a esquerda; nada adiantava. O carro tinha se transformado num bote sem leme, girando sobre a água, totalmente fora de controle.

De repente, no meio desse caos, de algum lugar veio um pensamento ou uma voz com a seguinte mensagem: "Se vai morrer ou viver, Richard, você tem de escolher agora!". Entendi que, de algum modo, naquele momento, foi-me oferecida a escolha de viver ou morrer. O mais interessante é que parecia que não havia uma tendência para uma coisa ou a outra; não importava o que eu ia escolher, mas eu tinha de fazer uma escolha naquele momento, ou ela seria feita por mim.

Como será que é estar morto?

Uma pergunta esquisita me ocorreu: "Como será que é estar morto?". Essa é uma situação de "limite": uma situação na qual o ego perde qualquer chance de fazer as coisas do seu jeito, e então abandona o navio e deixa você sozinho para resolver o problema por conta própria. É isso que fazem os covardes quando tudo está contra eles – eles recuam. E a verdade sobre o ego é que ele é um covarde quando as coisas fogem do controle.

"Como será que é estar morto?" A resposta chegou no mesmo instante, em uma epifania.

Na minha imaginação, me vi diante do limiar que separa o mundo visível do mundo invisível, o portal entre a vida num mundo manifesto e a vida no cosmos não manifesto. Aquilo era lindo, impossível de descrever, e a tentação de dar um passo adiante era grande, de me despojar de tudo que é preciso para manter um corpo físico num mundo material. Como é estar morto? É ser um com a paz que concede toda a compreensão.

Por muito tempo, batalhei, sem muito sucesso, para arranjar um jeito de explicar essa experiência em palavras, e vi que isso é impossível. Lembre-se de que as palavras são apenas "dedos apontando para a lua", ou para qualquer outra coisa. Desse modo, elas são totalmente inadequadas para descrever a beleza ou o esplendor. Quaisquer palavras que eu usasse para descrever essa experiência simplesmente abafariam seu esplendor. Veja esta frase que encontrei em *O livro tibetano dos mortos*: "O esplendor luminoso da luz sem cores do vazio". Essas palavras vêm de um ensinamento de Buda no qual ele explica que, "primeiro de tudo, aparecerá, para você, mais veloz que o relâmpago, o esplendor luminoso da luz sem cores do vazio, e isso o envolverá por todos os lados... Tente submergir nessa luz, abrindo mão de toda a crença num eu separado, toda a ligação com seu ego ilusório". Esse ensinamento explica, com clareza, a expansividade absoluta que vivenciamos quando estamos finalmente livres de um ego opressor. Pondere este verso do belo poema de Goethe "O anseio sagrado":

"E enquanto não tiver vivenciado isto: morrer e então crescer, você é apenas um visitante aflito nestas terras escuras".

Sim, meu caro viajante, é totalmente possível "morrer e então crescer". Mas isso só pode acontecer quando o ego não está mais tentando controlar. Já tive algumas experiências desse "morrer e então crescer", e foram os momentos mais extasiantes e engrandecedores da minha vida.

Para mim, a frase "esplendor luminoso da luz sem cores do vazio" diz tudo, e no entanto não diz nada, que foi a sensação que eu tive. Foi esplêndido, foi luminoso, foi sem cores, havia luz, e no entanto estava vazio. Ainda assim, essas palavras não descrevem totalmente o que vivenciei, pois a experiência é um sentimento. Por exemplo, tente explicar a sensação do amor. Mesmo você tendo vivenciado o sentimento do amor, seria complicado explicá-lo para alguém.

Tentei muitas vezes, sem sucesso, calcular por quanto tempo fiquei suspenso nesse estado magnífico. No cosmos não manifesto, o tempo não existe, então a experiência não pode ser medida em termos de minutos e segundos; é a eternidade num momento – o agora.

Certo, mas de volta ao mundo manifesto, que é diante do volante de um Mustang conversível totalmente fora de controle, tenho certeza de que esse lapso de tempo não passou de um ou dois segundos.

A escolha

Por mais belo e tentador que tenha sido passar por aquele limiar e entrar no mundo não manifesto, as palavras "eu escolho viver!" vieram trovejando de algum lugar no fundo da minha alma. Nesse instante, me vi de volta no carro. Eu escolho viver! Ótimo, mas como? O carro continuava deslizando para trás na maior velocidade, prestes a bater no meio-fio, rumo ao canteiro central. Meti o pé no freio. Girei o volante em todas as direções. Aparentemente, não havia nada que eu pudesse fazer para evitar o inevitável.

Eu fiquei com raiva! Achei que tinha feito um trato: escolher viver ou morrer, simples assim. Eu tinha feito a escolha, mas me pareceu que a promessa de poder sobreviver àquilo não estava sendo cumprida. Finalmente, entendendo e aceitando a terrível realidade de que não havia nada que eu pudesse fazer para me salvar, joguei as mãos para o alto e apoiei no toldo do carro. Com os dois pés plantados no assoalho, berrei esta oração para lá de grosseira: "Eu não consigo controlar esta porcaria de carro!".

O milagre

A oração foi respondida no mesmo instante. Alguma coisa, não sei o quê, mas costumo dizer que foi um anjo, me agarrou pelos pulsos, me virou um pouco na cintura e enfiou meu tronco no console central, com ombros e cabeça logo atrás do banco do passageiro. Meu quadril continuava bem preso ao banco do motorista, por causa do cinto de segurança. Essa força, então, envolveu meus braços bem apertados no encosto do banco do passageiro. Eu tinha acabado de ser abençoado com a dádiva de um equivalente das barras de proteção! No instante em que abri caminho e parei de tentar controlar algo que eu não tinha a menor esperança de poder controlar, o caminho ficou livre para a chegada do milagre. Se eu tivesse continuado tentando controlar o carro, tenho certeza de que o resultado teria sido bem diferente do que realmente aconteceu.

Por que chamei esta frase, "Eu não consigo controlar esta porcaria de carro", de uma oração grosseira? Porque foi justamente ela que me fez abrir meu próprio caminho, permitindo que a intervenção divina fizesse o milagre. Não havia como eu ter planejado e implementado esse processo por conta própria. Interpretando de outro jeito, essa pequena oração grosseira, acompanhada do ato de largar a mão, mesmo entre o medo e a raiva, produziu a entrega essencial para um poder maior, tão necessária para que ocorra um milagre.

Assim que me aninhei em segurança debaixo das minhas barras de proteção improvisadas, o carro acertou o meio-fio. Pareceu que ele girou para a esquerda, depois para a direita, e depois alçou voo, rolou uma ou duas vezes, bateu no chão e quicou de volta para o ar, deu mais um rolamento e desabou no chão, de ponta-cabeça.

De repente, ficou tudo quieto e muito escuro ali dentro do carro. Procurei farejar um cheiro de gasolina no ar (nos filmes, os carros que batem desse jeito quase sempre pegam fogo). Não sentindo cheiro nenhum, respirei fundo. Eu estava tão bem alojado em torno do encosto do banco que mal podia me mexer. Em algum momento, o toldo tinha sido arrancado por completo do carro, então eu podia ver a lama debaixo de mim, e água corrente. Por um instante, fiquei tentando cavar para sair do carro, mas logo vi que isso não adiantava. Comecei, então, a fazer tipo um inventário, para ver se podia sentir os membros. Não dava para vê-los, mas dava para senti-los. Consegui mexer os dedos dos pés, então concluí que estes ainda estavam ali comigo.

Ei, meu chapa, você está bem aí dentro?

Em meio a esse inventário de partes do corpo, ouvi uma voz perguntar: "Ei, meu chapa, você está bem aí dentro?". Tive de pensar um pouco na pergunta, mas finalmente respondi. "Acho que sim", berrei, "apesar da situação, acho que eu estou bem". Depois, de novo: "Tudo bem aí dentro, amigo?". Percebi que ele não conseguia me ouvir. Comecei a achar que talvez eu estivesse morto; já viu quando, nos filmes, as pessoas mortas tentam falar com os vivos, mas ninguém as ouve? Naquela hora, achei que era isso que estava acontecendo comigo. Ele respondeu: "Vou buscar ajuda". Foi a última coisa que ouvi do cara.

Não lembro como ocupei o tempo, deitado ali, em meio aos destroços, mas pouco tempo depois ouvi uma sirene. Ela vinha de longe, e, ao chegar mais perto, ficou mais alta, e depois, conforme passou, foi ficando mais baixinha. Eles passaram por mim! E agora? Ouvi outra sirene, e foi a mesma coisa; ficou alta, muito alta, e depois passou, e foi diminuindo até desaparecer. Alguns minutos depois, ouvi uma sirene ao longe ficando mais e mais alta, conforme se aproximava, até que, de repente, parou – finalmente! Ouvi pessoas falando em volta do carro, e então começaram a bater no carro e a tentar abri-lo com alguma coisa.

Ricky, telefone, minha casa?

Essa era uma época antes dos celulares, mas tínhamos telefone no carro – sabe aqueles grandões ligados por fio a uma caixa, debaixo do painel? Eu o vi ali, pendurado pelo fio, e pensei: "Acho que vou precisar de uma carona". Então peguei o telefone e apertei o botão de discagem automática com o número de casa. Quando o telefone começou a chamar, percebi que não tinha preparado direito uma apresentação para a situação. Patricia atendeu: "Alô, aqui é a Patricia", ao que dei uma bela resposta: "Querida, eu acabei com o carro!". Ela disse: "Certo, mas não se preocupe com isso; você está bem?". Eu disse: "Acho que sim; vão conseguir me tirar daqui logo, logo". "Tirar de onde?", ela berrou. "Onde você está?" Antes que eu pudesse responder, foi como se a porta do carro subitamente desaparecesse. No lugar dela, eu vi o rosto de um bombeiro olhando para dentro do carro. "Minha nossa", ele exclamou, "nunca vi nada igual a isto!" Pensei, "Opa, isto aqui deve estar bem pior do que eu imaginava". Aqueles bombeiros já tinham visto muita coisa, e a minha situação parecia estar no topo da lista das mais extraordinárias. Apareceu o rosto de um segundo bombeiro, que disse: "Que foi, que foi?". O primeiro respondeu: "O cara está no telefone!". Eu disse: "Eu agradeço muito pelo que vocês estão fazendo, mas será que dá para falar mais baixo? Estou tentando falar com a minha esposa!". (Não, eu não disse isso; é só uma daquelas coisas que a gente queria ter dito, mas na hora não teve a ideia.)

Esse evento obviamente ocorreu muito antes de quase todo mundo andar por aí com um celular no bolso. Ao telefone, Patricia me disse: "Pergunte aonde eles vão levar você". Eu disse: "Eles não vão me levar a lugar nenhum, eu estou bem. Só preciso que você venha aqui me buscar". Ela disse: "Eles vão levar você a um hospital! Pergunte em qual". De novo, insisti: "Eles não vão me levar para um hospital coisa nenhuma. Por favor, pegue a van e venha me buscar". Ela retrucou: "Richard!". Ela me chama de Richard quando está brava comigo. "Diga isso aos bombeiros: para onde?" Fiquei quieto. "Diga! Diga agora!", ela exigiu. "Para onde", eu disse. "Vocês", ela instruiu. "Vocês", eu disse. "Vão", mais uma instrução. Da minha parte, silêncio. "Vão!", ela exigiu mais uma vez. "Vão", eu repeti, finalmente. "Me levar?", ela terminou. "Me levar?", perguntei, finalmente completando a pergunta. Um deles respondeu: "Hospital Hoag". Ela ouviu e disse: "Encontro você lá", e desligou.

Uma terapeuta reiki no resgate

Patricia chegou ao hospital pouco depois de nós e veio direto para a sala de emergência. A equipe médica tinha me ligado a vários aparelhos que monitoravam uma coisa ou outra, e Patricia iniciou uma aplicação de reiki (um processo de cura espiritual). Pouco tempo depois, determinaram que eu podia ir para casa, pois não tinha nada além de uma escoriação na lateral do pescoço, onde o cinto de segurança fez atrito, e um galo na cabeça, que imagino que aconteceu quando minha maleta, que estava no banco de trás, voou e me acertou, em algum momento. Não consigo imaginar como a maleta conseguiu ficar batendo de lá para cá, dentro do carro, sem o teto. De algum modo, no entanto, minha carteira conseguiu ser ejetada; ela foi devolvida para mim, via correio, pouco mais de um ano depois. Claro que o bom samaritano que devolveu a carteira reivindicou o dinheiro da recompensa antes de me enviá-la, mas tudo bem.

No dia seguinte, Patricia me levou ao quiroprata dela, que, após um exame, declarou que eu estava em ótimo estado para alguém que tinha acabado de passar por um trauma daquela natureza. Um dia depois, partimos em uma viagem de duas semanas para o Havaí.

O poder da entrega

Este capítulo falou sobre abandonar a necessidade de controlar, e se entregar para um poder maior. Você se lembra do lema do estado do Kansas? *Ad astra per Aspera*, que significa "Rumo às estrelas, em meio às dificuldades". Podemos dizer de outro modo: rumo à paz, em meio aos nossos medos. O céu não é o limite se o que desejamos são as estrelas. Mas o caminho para as estrelas só pode se abrir quando estivermos dispostos a abandonar nossa necessidade egoica de controlar e permitir que o grande mistério nos leve junto.

Quando nos reunimos a nosso grupo, na estrada de tijolos amarelos, encontramos as palavras "Entregue Dorothy" escritas em fumaça negra num céu azul, acima da Cidade das Esmeraldas. Pelo visto a Bruxa Má adquiriu um aparelho de marca-texto para a vassoura e andou praticando a habilidade de escrever no céu.

Capítulo 14

ENTREGUE-SE!

Ninguém vê o grande Oz

Como sempre acontece na jornada do herói, o herói precisa encarar certos ritos de passagem antes de poder se aprofundar no mistério de sua jornada. Para nossa surpresa, não é permitida a nossa entrada na Cidade das Esmeraldas; o guarda da entrada declara: "Ninguém vê o grande Oz, ninguém nunca viu o grande Oz, nem mesmo eu!". Quando Dorothy explica que a Bruxa Boa do Norte a enviou, o porteiro pede que ela comprove. Esse é o momento em que ela precisa provar que recebeu um amuleto ou talismã sagrado da Bruxa Boa. Após ver os sapatinhos de rubi, o porteiro nos deixa entrar, recebendo-nos, alegremente, de braços abertos.

Ao entrar no pátio da Cidade das Esmeraldas, ficamos totalmente impressionados com a majestade e a opulência de tudo ao redor. Há carruagens adornadas, "um cavalo de cor diferente", donzelas, criadas e lacaios vestindo trajes refinados, e esmeraldas cintilando em todo canto.

O ego precisa ter boa aparência

Você se lembra do Nível 2, o saguão da recepção do nosso templo residencial? Esse é o lar do ego, protegido a todo custo. O segurança – o ego – fica escondido na sala adjacente, observando, embora com equipamento de segurança eletrônico. Ninguém tem permissão de vê-lo pessoalmente, cara a cara, por receio de que descubram seus piores segredos. A parte aberta desse saguão é muito bonita, em todo sentido imaginável, com belos móveis e objetos de arte e certificados de conquistas. O recepcionista é animado e bem vestido, tão adornado quanto o pátio da Cidade das Esmeraldas. O objetivo, em ambos os casos? Passar uma boa impressão, mas guardar segredos com todo o cuidado.

Arrumando-se para o Mágico

Precisamos estar nos trinques para encontrar o grande Oz, por isso somos levados às pressas para o spa e o salão de beleza da Cidade das Esmeraldas. O Espantalho recebe mais palha para enchimento, o Homem de Lata recebe um polimento e fica todo brilhante, o cabelo de Dorothy é arrumado perfeitamente, e o Leão recebe um penteado completo na juba, cheio de cachos e finalizado com um lacinho vermelho no topo da cabeça. Estamos todos renovados e com o coração alegre.

Forma-se um grande desfile para acompanhar nosso grupo ao palácio do Mágico. Ao longo do caminho, ouve-se, acima, um guincho de estourar os ouvidos. Quando olham para o alto, todos ficam em choque ao ver a Bruxa Má riscando o céu com sua vassoura, deixando um rastro de fumaça negra, escrevendo as palavras "ENTREGUE DOROTHY" logo acima do palácio do Mágico. Os cidadãos da Cidade das Esmeraldas ficam aterrorizados com esse evento sem precedentes. "Quem é Dorothy?", eles se perguntam, mas, visto que Dorothy é nova na cidade, ninguém tem a resposta. "O Mágico saberá! Vamos perguntar ao Mágico!", eles gritam, correndo para o palácio do Mágico.

Entregue-se

Vamos parar um pouco para nos concentrar nas palavras "ENTREGUE DOROTHY". Por muito tempo, entendi o ato de se entregar como um ingrediente essencial da autodescoberta. Muito embora eu tenha estudado a história de Oz e o filme por muitos anos, a cada vez cavando mais fundo para encontrar os significados ocultos, isso me escapou, por algum motivo. Não reparei na mensagem poderosa transmitida pela Bruxa. Quando finalmente percebi, fiquei me perguntando se a Bruxa estava dando uma ordem a Dorothy para se entregar a ela, ou se estava mandando que o Mágico entregasse Dorothy. Se ela estiver se dirigindo ao Mágico, que representa o ego de Dorothy, está mandando o ego sair do caminho e deixar que Dorothy entre no calabouço da Bruxa, para lidar diretamente com a culpa. Se estiver se dirigindo a Dorothy, está ordenando à menina que passe por cima das mentiras, inseguranças e da resistência do ego e compareça diretamente ao calabouço, para encarar a verdade que esteve trancafiada ali por todos esses anos.

Acredito que a Bruxa Má está ordenando ao Mágico que entregue Dorothy, o que mais tarde ele faz, embora com um pequeno golpe para roubar a vassoura da Bruxa – uma clássica luta de poder para definir quem será o governante. Se pegar a vassoura, o Mágico será o governante absoluto do território. No entanto, se a Bruxa Má obtiver os sapatinhos de rubi e escravizar Dorothy para fazê-la trabalhar em seu palácio junto dos macacos voadores e dos guardas winkie, enquanto mantém seu poder – a vassoura –, ela será a governante do território. Veremos.

O que foi esquecido pela Bruxa e pelo Mágico nessa luta de poder pela persona de Dorothy é um terceiro elemento essencial: a própria Dorothy. A garota, naturalmente, quer se livrar de todo esse furdunço e reivindicar seu direito divino de ser feliz e livre. Retomando nosso modelo de chakras, lembramos que somente Dorothy pode ser a governante da vida dela, visto que ela está no chakra coronário e governa tudo que está abaixo. Existe um erro crucial na parte do esquema que se refere ao Mágico, como logo veremos.

É curiosamente adequado que o ator Frank Morgan interprete os papéis do professor Marvel, o vendedor ambulante do Kansas, o guarda do portão da Cidade das Esmeraldas, o motorista da carruagem adornada, levada pelo cavalo de cor diferente, o guarda da entrada do palácio do Mágico e o misterioso Mágico de Oz, que ninguém nunca pode ver. Então é verdade: ninguém nunca vê o Mágico/ego. No entanto, o que vemos são os muitos disfarces que ele usa para esconder sua verdadeira identidade, enquanto fica de olho na boa gente da Cidade das Esmeraldas. Mágicos e egos são muito hábeis nesse sentido.

O misterioso Mágico de Oz

Por causa do medo que o Mágico tem de ser exposto pelo farsante que é, tivemos que ultrapassar muitas barreiras de defesa para finalmente poder entrar na sala do trono do Mágico. Ele não é o que esperávamos encontrar. Nossa alegria, nossa empolgação por finalmente ter uma audiência com o grande Mágico logo se dissolve em um medo mortal. Atravessando o corredor verde-esmeralda, percebemos que estamos prestes a entrar numa câmara infernal. Quando chegamos à sala do trono, somos confrontados por uma cabeça sem corpo flutuando acima do trono, em meio a fogo, fumaça e barulhos ensurdecedores.

– Eu sou Oz, o grande e poderoso Oz! Quem são vocês? – vocifera a cabeça.

A líder do nosso grupo, Dorothy, dá um passo à frente e responde, tímida, com um gesto polido:

– Sim, eu sou Dorothy, a pequena e mansa. Nós viemos lhe pedir...

– Silêncio! O grande e poderoso Oz sabe por que vocês vieram – ruge a cabeça, em meio a um estouro enorme de fogo e fumaça. Ele ordena a cada um de nós que dê um passo à frente, um por um, e explique seu propósito, mas dispensa cruelmente cada um antes que a pergunta seja respondida.

– Vocês não merecem as coisas que pediram!", grita a cabeça. – Entretanto, o benevolente Oz tem toda a intenção de lhes garantir seus desejos, mas primeiro vocês precisam provar que são dignos, realizando uma pequena tarefa. Tragam-me a vassoura da Bruxa, e eu lhes concederei seus desejos. Agora vão!

– Mas e se ela nos matar primeiro? – choraminga o Leão.

– Eu disse "vão"! – exige a cabeça.

Provar-se digno

Uma das ferramentas favoritas do ego para nos manter sob controle é insistir que não merecemos ou não somos dignos das coisas que queremos, por causa das nossas inadequações. Esse aspecto do ego é conhecido, também, como o "crítico interior", que faz tudo que pode para nos convencer de que não vamos conseguir, antes mesmo de tentar. Ele nos diz, também, que nem tudo está perdido, porque podemos provar que somos dignos adquirindo símbolos de *status* e completando certas tarefas, que podem ser extremamente perigosas: "Peguem a vassoura da Bruxa". No entanto, por mais tarefas que realizemos, ou prêmios, riqueza e bens materiais que acumulemos, nada disso é suficiente; o ego fica sempre nos mandando fazer mais.

Entretanto, a verdade é que não temos que provar que merecemos nada; merecemos simplesmente porque existimos. Merecemos nossa liberdade, o ar que respiramos, a comida que comemos, o amor dentro de nós, nossos bens materiais, nossos sucessos e fracassos, alegrias, tristezas, e assim por diante. O fato de termos cometido erros no passado não nos nega esse merecimento. Aprendemos com os erros e seguimos em frente. Não precisamos carregar esses erros em uma sacola com o rótulo de "culpa" pela vida inteira. É disso que se trata entregar. Entregamos essa sacola de "culpa" para o passado por meio do perdão. O perdão é a faca que corta fora essa sacola e alivia nossa carga, para podermos seguir em frente contentes.

O poço de tristeza

Mergulhar nas profundas câmaras da nossa psique, onde escondemos nossos pecados e nossas culpas, é um desafio. Vou lembrá-lo de novo: "A caverna em que você teme entrar contém o tesouro que você busca". Ao começarmos a jornada em busca da vassoura da Bruxa, devemos entrar na floresta mal-assombrada que rodeia o castelo dela. Na entrada, há uma placa que avisa: "Eu daria meia-volta se fosse você!". O Leão assente, em concordância, e dá meia-volta para retornar à Cidade das Esmeraldas, mas é detido pelos amigos. A Bruxa sabe que eles estão vindo e manda um bando de macacos voadores para separar Totó e Dorothy de seu grupo. No fim das contas, os macacos são muito eficientes e rapidamente capturam Dorothy e Totó, enquanto incapacitam os demais por um momento.

Depois que captura Dorothy em seu castelo, a Bruxa declara: "Que alegria inesperada! Que bondade sua me visitar, nessa minha solidão". A Bruxa Má faz diversas tentativas para obter os sapatinhos de rubi, incluindo enfiar Totó num cesto e mandar um winkie levá-lo até o rio e afogá-lo. Parece, no entanto, que Totó não aceita muito bem ser enfiado num cesto, então, como fez lá no Kansas, ele escapa e foge.

Agora, sem Totó, Dorothy parece não ter nem um fiapo de esperança. Essa é a "noite sombria da alma" de Dorothy, um período pelo qual todos os viajantes, na jornada do herói, devem passar sozinhos. É a fase em que tudo parece perdido, e não há nada além de uma esperança frágil. Como lhe arrancaram todo o amor e o apoio, Dorothy desaba e chora. Ela chama a tia Em desesperadamente, mas, claro, não há como ser ouvida lá no Kansas. Agora, Dorothy é prisioneira de sua própria sombra no fundo de um poço de tristeza: a mais profunda forma de tristeza possível – a tristeza pela perda de toda uma vida que não deu muito certo. No fundo, não há para onde ir exceto para cima, e para fazer isso teremos que reunir todos os nossos pedacinhos feridos.

Totó, representando a intuição de Dorothy, toma a atitude certa no momento mais perigoso. Ele atravessa a encosta da montanha e a floresta mal-assombrada, onde rapidamente encontra os "tesouros" mais valiosos de Dorothy, depois os leva ao castelo da Bruxa, para uma ousada tentativa de resgate.

No momento mais crítico, todas as nossas partes aparentemente danificadas se juntam para tentar um resgate impressionante. Finalmente, elas estão trabalhando bem juntas: o acéfalo Espantalho pensa no plano perfeito para entrar no castelo; o Homem de Lata sem coração usa suas habilidades de lenhador e um machado afiado para cortar a grossa porta da câmara na qual Dorothy está presa; o Leão junta uma quantidade imensa de coragem para enfrentar todos esses eventos assustadores com graça e honra.

A perseguição

A Bruxa fica sabendo da fuga de Dorothy e despacha um pelotão de guardas winkie para interceptá-la. O grupo sai correndo pelo castelo, em busca de uma rota de fuga. Não encontram nenhuma. A cada corredor em que entram, dão de cara com mais um grupo de guardas winkie armados de lanças. A perseguição acaba indo parar na torre mais alta do castelo, e culmina em uma sala no topo, onde não há por onde escapar. Essa sala é iluminada por tochas de fogo, um lugar para lá de desconfortável para um espantalho.

Com sua presa encurralada no topo da torre, a Bruxa Má abre caminho por entre uma multidão de guardas winkie. Confrontando nosso grupo ameaçadoramente, ela recita uma fala macabra: "Bem, dando a volta na roseira, um bolso cheio de lanças! Achou que era muito esperta, não? Bem, vou dar cabo de vocês aqui mesmo, um após o outro. E a última verá os três primeiros antes dela. E seu cãozinho sarnento também!".

Cumprindo a ameaça, a Bruxa ergue a vassoura para pegar o fogo de uma das tochas, e a põe em chamas. "Que tal um pouco de fogo, espantalho?", ela berra, transferindo as chamas para a palha no braço dele.

Fogo

A Bruxa Má parece adorar ameaçar o Espantalho com o fogo. Considerando que ele representa o intelecto de Dorothy, a Bruxa talvez acredite que, se puder destruir com fogo a mente de Dorothy, poderá ficar com os sapatinhos de rubi. Uma vez que sua inteligência tenha sido destruída, Dorothy presumivelmente não será capaz de criar um plano funcional para derrotar a Bruxa. Mas por que fogo? Considerando que a Bruxa Má representa a crença que Dorothy tem em seu pecado, sua vergonha e sua culpa, e que a Bruxa mora nas profundezas, no subterrâneo da psique de Dorothy, podemos pensar nisso como as chamas do inferno. Para muitas pessoas, a culpa parece assombrar-lhes as noites e atear fogo em seus sentimentos de valor próprio. Logo a seguir, há um poema do poeta persa Hafiz, do século XIV, que fala sobre esse mundo sombrio e oferece, sutilmente, uma chave para nos libertarmos das chamas dolorosas da culpa.

Quem pode renunciar a um dia?
Quem pode conceber perdoar
Toda uma vida, conceder
a tudo um perdão

A não ser que, à meia-noite,
Você nos deixe penetrar em suas madeixas,
conhecer seu cheiro,
ser tão íntimos da sua luz
como nunca ninguém foi?

Todas as imagens são sombras lançadas por você.
Elas entregarão a identidade delas com prazer.

E revelarão o potencial que têm.
Como um pedaço de papel
se fizesse amor com uma chama.

Com esse poema sombrio, Hafiz se refere ao acúmulo de todos os equívocos, erros e momentos de mágoa que outorgamos para nós e para os outros.

"Quem pode conceber perdoar toda uma vida, conceder a TUDO um perdão?"

Ele prossegue, sugerindo que precisamos conhecer a Bruxa Má, ficar íntimos dela, talvez a ponto de sermos chamuscados pelo fogo de sua raiva, para sermos forçados até o ponto da entrega.

– Socorro, socorro, estou pegando fogo! – exclama o Espantalho, sacudindo o braço violentamente na tentativa de apagar as chamas.

Dorothy vê um balde de água ali por perto e o pega, e joga a água no braço do Espantalho. Um pouco de água acaba espirrando no rosto da Bruxa, e, para o choque de todos, ela começa a derreter.

– Oh, sua pirralha maldita! Olhe o que você fez! Estou derretendo! Derretendo! Ah, que mundo é este, que mundo é este! Quem diria que uma garotinha bondosa como você poderia destruir minha linda maldade! Olhem! Olhem! Eu vou, oh! Ohhh! – Em questão de segundos, não resta mais nada da Bruxa Má, exceto chapéu e capa fumegantes, e uma vassoura chamuscada.

O poder curativo da água

"Quem diria que uma garotinha bondosa como você poderia destruir minha linda maldade!" Repare em quão rapidamente Dorothy se tornou uma garotinha bondosa! Assim que dissolve a crença em sua maldade, é transformada. Ela foi abençoada com a compreensão súbita de quem ela é, o amor que ela sempre foi. Por que você acha que uma pequena quantidade de água teria o poder de extinguir chamas infernais e dissolver a fonte destas? Além do amor, a água é a fonte de energia mais potente do planeta. De um ponto de vista espiritual, é ela que limpa e remove as impurezas. Nós nos banhamos com a água para limpar o acúmulo de impurezas na superfície do corpo. O som da água corrente limpa a ansiedade tóxica e relaxa nossa mente. Tendo "feito amor com as chamas", Dorothy passou por uma espécie de batismo que limpou todos os "pecados" do passado; agora ela está purificada e preparada para receber o Santo Graal.

Viva Dorothy!

– Ela está morta, você a matou! – proclama o capitão dos guardas winkie, em um tom de espanto.

Dorothy começa a se defender, explicando que o Espantalho estava pegando fogo e...

O capitão dos winkie a interrompe e ergue a espada:

– Viva, viva, Dorothy, a Bruxa Má está morta!

Dorothy repara que a vassoura está largada ali, no meio dos destroços, e pergunta:

– A vassoura, podemos ficar com ela?

– Sim, por favor, levem-na com vocês! – responde o capitão.

Onde os problemas derretem feito gotas de suco de limão

Há um verso, no final da afirmação musical de Dorothy, que começou esta pequena jornada do herói: "Algum dia, farei um pedido a uma estrela, e acordarei onde as nuvens ficaram para trás, onde os problemas derretem feito gotas de suco de limão, bem acima das chaminés, é lá que você me encontrará". Como eu disse muitas vezes, as afirmações, quando feitas adequadamente, são imensamente poderosas! O único verdadeiro problema de Dorothy, na Terra de Oz, era a Bruxa Má do Oeste – e ela derreteu feito uma gota de suco de limão!

Liberdade para todos

Acabou que a Bruxa Má do Oeste havia lançado um feitiço nos winkies e nos macacos voadores muitos anos antes, forçando-os a trabalhar no castelo. O mesmo valia para os munchkins, em sua terra; eles tinham sido vítimas de um feitiço da Bruxa Má do Leste. Com ambas as bruxas (símbolos de culpa) destruídas, todos os escravos estão, agora, livres.

O ritual simbólico do batismo é essencialmente limpar os delitos do passado, resultando em um perdão total, um *perdão completo* – perdão para si mesmo e para os outros. O perdão é a chave que libera o passado e abre as portas para o amor. Enquanto estivermos acorrentados ao passado, será impossível avançar para um futuro diferente. Entre suas últimas palavras na cruz, Jesus disse: "Pai, perdoe-os, porque eles não sabem o que fazem".

Alguns anos atrás, enquanto eu orientava um processo de meditação que requeria que as pessoas deitassem no chão, durante um *workshop*, uma participante levantou-se de repente e começou a berrar: "Eu não sabia! Eu não sabia!". Fui até lá para ajudá-la e perguntei o que estava acontecendo. "Eu não sabia, eu não sabia" era tudo que ela dizia. Fato é que ela havia se deparado com o caminho direto para o perdão de si mesma: eu não sabia. Isso significa que só podemos agir segundo o que nos foi ensinado e o que sabemos. Se somos criados num ambiente de julgamento, raiva, culpa, desrespeito etc., e isso ocorre com a maioria das pessoas, de um jeito ou de outro, esse será o nosso único comportamento, porque isso é tudo que conhecemos. Uma vez que descobrimos o erro imbuído em nossos sistemas de crença, podemos nos perdoar por sermos ignorantes em relação a outras formas melhores de ser, e construir comportamentos mais apropriados.

Pela minha experiência, acredito que, quando você alcança o perdão de si mesmo, isso o leva automaticamente a perdoar os outros. Por meio do perdão de si mesmo, você descobre que estava se julgando duramente por seus erros, e, ao entender isso, fica ciente de que estava, também, julgando os outros pelos erros deles. Mais uma vez: "Perdoe-os, porque eles não sabem o que fazem".

Gosto de pensar que os macacos voadores e os munchkins representam nosso eu contente, brincalhão, sendo aprisionado pelos nossos medos. Vejo os guardas winkie representando nosso poder de nos proteger em um mundo tumultuado. Agora eles estão sob o nosso comando, e nos servirão com alegria.

O retorno para a Cidade das Esmeraldas

Tendo capturado o amuleto mais poderoso de todos, o perdão, e armados com a vassoura da Bruxa Má, estamos agora totalmente preparados para retornar à Cidade das Esmeraldas e reivindicar os mimos a que temos direito.

O Mágico logo descobrirá o erro fatal que cometeu.

Capítulo 15

OS MANSOS HERDARÃO A TERRA

Em meio aos mistérios da jornada do herói, as coisas podem acontecer rapidamente. Tendo cumprido a ordem do Mágico e tomado a vassoura da Bruxa Má, nos flagramos de volta à sala do trono de Oz em um piscar de olhos.

Uma transferência de poder

– Não estou acreditando nisso! Por que vocês voltaram aqui? – berra a cabeça sem corpo.

Dorothy deita a vassoura aos pés do trono, e diz:

– Trouxemos a vassoura da Bruxa Má, então gostaríamos que você cumprisse a promessa que nos fez.

Como mencionei agora há pouco, havia um probleminha no plano do Mágico; ele não imaginava que Dorothy, que não tinha nada além de seus recursos naturais inatos, conseguiria realizar essa tarefa impossível. Ninguém percebeu ainda, mas Dorothy é a única, nessa sala, que tem algum poder. Ela tem a vassoura da Bruxa, os sapatinhos de rubi, e acaba de descobrir a verdadeira resposta para a primeira pergunta de

Glinda: "Você é uma bruxa boa ou uma bruxa má?". Essa autopercepção veio no instante em que Dorothy dissolveu a fonte de seus medos relativos a pecados que não existiam. Dorothy pode, agora, declarar humildemente a verdade sobre si mesma: "Não sou bruxa coisa nenhuma – sou um ser divino com o poder de uma deusa". Pelo visto, o Mágico está para ser arruinado.

– Voltem amanhã! Terei de pensar no assunto – ruge o Mágico.

Mesmo antes da transformação, Dorothy era capaz de defender a si e a seus amigos de duras provocações. Lembra-se de quando ela acusou a Srta. Gulch, a vizinha do Kansas, de ser uma velha bruxa má, e de quando ela deu um tapa no nariz do Leão por ameaçar Totó e os amigos dela? Bem, lá vem ela de novo. O Mágico, sem dúvida, mentiu para eles, e a menina está pronta para enfrentá-lo. O Mágico prometeu a Dorothy e aos amigos dela – e, por extensão, a todos nós – certas recompensas por realizar uma tarefa perigosa e desafiadora; agora ele está tentando renegar isso. Tenha em mente que o Mágico representa o nosso ego e, como fazem os egos, está tentando nos provocar para que desistamos dos nossos sonhos.

– Não queremos esperar até amanhã; queremos que você cumpra sua promessa agora! – Dorothy exige.

– Você ousa atiçar a ira do Grande e Poderoso Mág...

Enquanto isso, Totó, o representante da intuição de Dorothy, repara em algo estranho que acontece com a cortina, ao lado do trono. Seguindo seus instintos, ele vai investigar com toda a coragem, e puxa a cortina com a boca. Ali, nos controles de algum tipo de maquinário, está um homenzinho careca, berrando em um microfone. Percebendo que a farsa foi descoberta, ele berra no microfone esta frase, agora muito famosa: "Não prestem atenção no homem atrás da cortina!".

Exatamente! Essa é uma instrução excelente para todos nós, *não preste atenção no homem atrás da cortina* – nosso ego exacerbado.

Dorothy e seus amigos se aproximam do homem, querendo uma explicação.

– Quem é você? – ela pergunta.

– Bem, eu... eu... eu sou o grande e poderoso, hã... Mágico de Oz – responde timidamente o homenzinho.

Vendo a mentira dele, Dorothy o acusa de ser um homem muito mau, ao que ele responde:

– Não, minha querida... eu... eu sou um homem muito bom. Acontece que sou um *péssimo* mágico.

Um problema inesperado

O grande erro cometido pelo Mágico/ego foi acreditar que é mais poderoso do que a persona na qual ele vive. Ele se empertigou tanto com a crença em seu poder que se esqueceu de que seu propósito é servir à persona de Dorothy. Para obter mais controle, despachou Dorothy e seus amigos para as chamas do inferno, apenas para vê-los se voltando contra ele.

O propósito fundamental do ego

O único propósito do ego é atrair o que é necessário para sua sobrevivência e repelir qualquer coisa que lhe pareça ser uma ameaça. O ego, em sua forma mais básica, é o instinto de sobrevivência natural. Todas as formas de vida, incluindo plantas, animais, minerais e humanos, têm um forte desejo de sobreviver para cumprir seu propósito. Fato é que o instinto de sobrevivência tem um elemento de medo embutido nele, mas é um medo natural, um senso que reconhece quando um perigo que ameaça a vida está por perto. Riscos de vida reais vêm em duas formas principais:

1. falta de comida suficiente, de abrigo, de companhia, e assim por diante, para a sobrevivência, e
2. uma ameaça clara e iminente à nossa segurança física.

Se houver alguma dessas condições, seremos instigados a agir imediatamente para nos contrapor à ameaça. Essa compulsão é o ego funcionando para garantir a nossa sobrevivência. Esse é o único trabalho dele, e esse trabalho não precisa de magia, feitiçaria, truques. Só precisa da habilidade de inspirar e ativar os recursos da comunidade – nesse caso, Dorothy e companhia.

Com certeza causarei reações negativas ao dizer isto, mas não creio que o nosso objetivo seja tentar nos livrar do nosso ego. Acho que não sobreviveríamos sem ele; não haveria vontade de levantar pela manhã, nem motivação, nem ambição, nem senso de propósito. No entanto, o ego precisa entender que ele é um ótimo recurso, mas um péssimo mágico.

Imaginação humana

Alguns consideram que o ser humano é uma forma de vida elevada. Não sei se isso está certo ou não, mas não acho que somos melhores do que ser nenhum. A grande diferença é que fomos abençoados, ou talvez amaldiçoados, com o poder criativo da imaginação e com o livre-arbítrio – podemos realmente criar e recriar nossa experiência de vida. Se imaginarmos que estamos seguros e temos o suficiente para suprir nossas necessidades de sobrevivência, ficamos satisfeitos com a vida. Por outro lado, se por acaso imaginarmos que não temos o suficiente e não estamos seguros, não somente ficaremos insatisfeitos como também teremos medo – ficaremos cheios de medo. Se não tomarmos cuidado, a necessidade do ego de garantir a nossa sobrevivência pode começar a nos fazer imaginar que precisamos de muito mais do que é necessário para a sobrevivência, e que os desafios do dia a dia são ameaças severas a essa sobrevivência. No extremo, alguns egos chegam ao ponto de acreditar que precisam de *tudo* para garantir sua sobrevivência, e que *tudo* é uma ameaça para ela. Nunca nada basta!

A bênção é que podemos escolher ser o amor em sua mais elevada forma. A maldição é que podemos escolher ser o medo em sua condição mais inferior, mais perigosa. Cabe apenas a nós escolher – uma responsabilidade enorme.

Na história de Oz, a Bruxa Má representa não o medo em si, mas a fonte de todos os medos imaginados: a crença em pecado, vergonha e culpa. Glinda, a Bruxa Boa, simboliza não somente o amor, mas também o acesso ao amor em sua forma mais elevada: Deus, Alá, Buda, a natureza, o Grande Espírito, ou qualquer palavra que você escolha para representar a força não vista da criação universal. Mesmo se preferir não crer na força de Deus, você pelo menos está ciente de que é um ser vivo, está ciente de ter um eu – algo que nenhuma outra forma de vida do nosso planeta pode afirmar. Desse modo, terá um entendimento inato da natureza sagrada da vida. Você entenderá a importância de tratar a si mesmo e aos outros com respeito e decência.

O Mágico é um mágico que vai servir?

Sim, o Mágico é um mágico que vai servir, de um jeito ou de outro. É responsabilidade de cada pessoa escolher como o Mágico/ego vai servir. Nossa história nos mostra que, quando o Mágico se livra dos medos que eram transmitidos pelas energias sombrias da Bruxa Má, ele é transformado no mesmo instante. Fica livre para descobrir seu verdadeiro potencial para servir no poder do amor, em vez de ser um escravo do poder do medo.

Dorothy já está livre de todos os seus antigos medos quando volta à sala do trono do Mágico. Ela está, agora, equipada com uma crença impenetrável de que é divina e inocente. O Mágico não está ciente da transformação recente da menina, e é totalmente pego de surpresa quando descobre que, de repente, não tem mais poder nenhum. Quando o medo estava presente no coração coletivo de Dorothy, e em sua vontade, sua sabedoria e sua intuição, o Mágico/ego podia controlá-la facilmente pelo poder da crença que ela tinha na culpa. Quando Dorothy se perdoa e, por extensão, perdoa os outros, ela deixa o Mágico/ego sem combustível para energizar seu medo. Sem nada para defender, ele se transforma, inevitavelmente, no servo líder gentil que deveria ter sido desde o começo. Ele logo aceita seu verdadeiro propósito, que é servir as necessidades da comunidade, em vez de exigir conformidade, honrar os membros da comunidade com respeito, apoio e reconhecimento pelas realizações deles. O Espantalho é honrado com um título de doutor em Pensologia; o Homem de Lata, por sua compaixão profunda, recebe o cobiçado Coração Vermelho, que faz tic-tac; ao Leão é concedida a lendária Cruz Tripla, por honra ao mérito, valor extraordinário e nobre coragem contra bruxas más; e Dorothy ganha uma viagem de balão da Terra de Oz direto para o Kansas. Tudo parece que está bem…

Mas espere, tem mais!

No capítulo dez, mencionei que atualmente, na Terra, a população humana está funcionando principalmente a partir de um desequilíbrio dos três chakras inferiores: básico (sombra), sacro (vontade) e plexo solar (medo). Isso cria a energia que está causando caos por todo o mundo. Não vejo motivo para entrarmos nos detalhes desse caos. Todos nós estamos muito cientes de sua importância. Embora os chakras superiores sejam inatamente menos temerosos, são contaminados pelo profundo estímulo do medo feito pelos três chakras inferiores. O quarto chakra é o coração, sendo tirado do equilíbrio pelo medo que vem de baixo – é um coração temeroso. O quinto chakra usa a sabedoria que nasce de um equilíbrio entre coração e mente nas nossas comunicações, mas acaba sendo abafado pela insegurança causada pelo medo lá de baixo. O sexto chakra fornece intuição elevada, mas o instinto é bloqueado principalmente pelo medo de tomar uma atitude errada – mais uma vez. O sétimo chakra é o coronário. Nesse caso, ele simboliza a persona real coroada de Dorothy Gale, rainha desse reino mente-corpo humano individual (e isso vale para todos nós). Por causa do acúmulo de medo lá embaixo, ela entra em conflito, sente que não merece sua herança real, e se recusa a aceitá-la. O oitavo chakra é a energia de Glinda, representa o Espírito Santo e é o portal para a fonte da criação.

Dois polos opostos

Peço que você pense nisto: dois polos opostos estão funcionando na nossa vida. Um polo é o amor, e o outro é o medo. O medo não é o oposto do amor, mas nasce do nosso sistema de crenças: o que realmente acreditamos a respeito de nós mesmos e do mundo ao nosso redor – essas crenças são criação nossa, baseadas principalmente no que os outros nos disseram. Ao contrário do medo, o amor não pode ser criado. Ele simplesmente existe: é a fonte e a substância do Universo. Não pode ser ferido, danificado ou diminuído de forma alguma.

Acredito que o caos que ocorre no mundo todo, agora, vai levar a uma grande transformação mundial – algo para o qual retornarei daqui a pouco. Com certeza, sempre houve caos, mas hoje ele é amplificado por muitos fatores extenuantes. O avanço rápido das tecnologias de comunicação possibilita que os problemas do mundo inteiro sejam enviados para nós no momento em que ocorrem. Em um instante, ficamos sabendo de conflitos e embates em torno de religião, ideologias, política, meio ambiente, economia, e assim por diante, infinitamente. A maior parte da informação que recebemos é bem explícita, principalmente negativa, e muito conflitiva: um coquetel que gera uma quantidade enorme de medo. O medo é a única emoção que consegue bloquear nosso acesso à luz do amor. E, para mim, a metáfora da história de Oz demonstra com clareza como isso funciona.

O grande e poderoso versus *a pequena e mansa*

"Eu sou Oz, grande e poderoso! Quem é você? Quem é VOCÊ?", pergunta o Mágico. "Com sua licença, senhor, eu... eu sou Dorothy, a pequena e mansa", Dorothy responde timidamente.

Como poderíamos imaginar que Dorothy, a pequena e mansa, conseguiria destronar Oz, o grande e poderoso? Para responder, precisaremos analisar mais de perto o que significa ser "pequena e mansa". Já sabemos o que significa ser "grande e poderoso". Temos também evidências suficientes de que essa atitude não funciona no longo prazo. É muito cheia de raiva, medo, ganância, separatismo e dominância: todos esses termos que descrevem Oz, o grande e poderoso!

A pequena e mansa

Então, o que significa ser pequena e mansa, e por que é profetizado que "os mansos herdarão a Terra"? Pondere que pequeno não é o mesmo que insignificante, e manso não significa fraco. Outra maneira de dizer pequena e mansa é dizer quieta e humilde. A expressão "os mansos herdarão a Terra" está na Bíblia, e, da perspectiva espiritual, a mansidão fala de uma *humildade* de santo, e não do estigma dos dias de hoje da fraqueza. Eu lhes ofereço ensinamentos poderosos, testados pelo tempo, do que alguns talvez enxerguem como sistemas de crença incompatíveis, um deles de uma filosofia espiritual oriental, e o outro, da religião ocidental. Para mim, eles não são tão diferentes. Você pode decidir por si mesmo.

Tao Te Ching, verso 8	**Bíblia Sagrada, edição King James**
A bondade suprema é como a água [ou o amor]. Ela beneficia todas as coisas, sem contenção. Ao habitar, ela se fundamenta. Ao ser, flui até a profundeza. Ao se expressar, é honesta. Ao confrontar, permanece gentil. Ao governar, não controla. Ao agir, alinha-se ao tempo. Ela é satisfeita com sua natureza e, portanto, não pode ser culpada. *- Lao-Tzu*	O amor é sempre paciente e bom. Nunca é invejoso. O amor nunca é arrogante ou convencido. Nunca é rude ou egoísta. Não se ofende e não guarda ressentimento. O amor não se agrada dos pecados das pessoas, mas se deleita na verdade. Está sempre pronto para perdoar, confiar, ter esperança e enfrentar o que vem. *- 1 Coríntios 13*

Se você comparar esses dois textos sagrados, é provável que descubra, como eu, que ambos falam a mesma coisa. Um fala do poder gentil da água como uma metáfora para a realização de coisas grandiosas, e o outro expressa o mesmo poder do amor. Para maior clareza, tente substituir a palavra "água" pela palavra "amor" nos versos do Tao Te Ching.

O amor é o Santo Graal que estávamos buscando, e o descobrimos dentro de nós. Qual é o segredo que o Grande Criador escondeu? *Nós, humanos, criamos nossa experiência de vida; podemos escolher vivenciar a vida pelo amor ou pelo medo.* Infelizmente, muitas pessoas escolhem, inconscientemente, viver pelo medo. Seguindo o conselho da vovó toupeira, onde o escondemos? *Dentro de nós.* Por que foi preciso escondê-lo? *Para que fosse descoberto quando chegássemos ao fim da nossa estrada e não tivéssemos mais para onde ir, o lugar no qual podemos finalmente descobrir e abraçar o amor que somos.*

Sejam corajosos(as), sejam ousados(as), irmãos e irmãs, lembrando que, como sugere Joseph Campbell: "A caverna em que você teme entrar contém o tesouro que você busca". Entre com coragem, com mente e coração abertos, e reivindique seu tesouro mais do que merecido.

Uma última lição essencial de Oz antes de irmos embora: o Mágico/ego é um enganador muito ardiloso. Não precisamos ter medo dele, mas precisamos, *sim*, ficar de olho nele. Eis um exemplo do que estou falando. Quando entrega ao Homem de Lata seu mais do que merecido coração, o Mágico diz: "Lembre-se, meu amigo sentimental, um coração não é julgado por quanto ele ama, mas por quanto é amado pelos outros".

Nada disso! Por mais que o Mágico esteja, agora, transformado, talvez ele ainda queira voltar à sua antiga maldade. A primeira dica, aqui, é a palavra "julgado". O julgamento é corrosivo na nova Terra, um mundo de amor. Em segundo lugar, o amor que espera o amor em troca, principalmente mais do que ele dá, não é nada incondicional.

Para que a nova Terra seja pura, todo amor deve ser dado livremente, sem exigir nem esperar algo em troca.

A única coisa que pode curar este mundo é o amor: o amor incondicional. Quando algumas pessoas – uma quantidade suficiente – descobrirem o amor que de fato são, isso criará um efeito viral que se espalhará rapidamente por todo o planeta, resultando não no dia do Apocalipse, mas em um dia de maravilha no qual tudo parecerá fresco e novo. Finalmente conseguiremos ver as maravilhas do mundo pelos olhos de uma criança.

Levante seu dedo indicador e aponte para si mesmo, o segredo interior, o Santo Graal do amor. Agora que você o descobriu, compartilhe. Compartilhe com você mesmo, com sua família e com a família da humanidade. Compartilhe com os pássaros, os animais, as flores e as árvores! Ao lembrar que as palavras são como dedos que apontam, em vez de apontar para o amor com palavras, seja o amor em si. Seja o amor expresso em riso, bondade, um sorriso gentil, aceitação e perdão silencioso. Seja o amor que você deseja ver no mundo, e você começará a ver um mundo de amor.

Abençoado seja.

Epílogo

BEM-VINDO AO LAR

Começamos nossa jornada do herói com um pouco de exercício para os dedos, que nos levou, inconscientemente, a apontar o lugar, dentro de nós, que esconde o tesouro secreto. A partir daí, passamos para uma lenda dos nativos norte-americanos que explica como o Grande Criador escondeu um segredo importante dentro dos seres humanos, um lugar onde eles não podem encontrá-lo enquanto não estiverem prontos. Suponho que você tenha ficado atento às revelações que ocorreram nessa jornada fantástica. Se sim, acredito que agora esteja preparado para entender e integrar o objeto da nossa jornada, a luz sagrada escondida dentro de você, lá no fundo, desde a sua concepção.

Para vivenciar totalmente essa jornada misteriosa de autoconsciência, nos colocamos metaforicamente no lugar de Dorothy, para caminhar com ela por quilômetros e vivenciar, pelos olhos dela, a descoberta do nosso eu aparentemente ferido. Seguimos com os ventos caóticos da mudança para aterrissar sobre o arco-íris, onde um pouso forçado espalhou partes nossas essenciais por toda a Terra de Oz. Pela autoaceitação compassiva, logo descobrimos que nossos eus feridos sempre estiveram bem, saudáveis, cada um do seu jeito. O único problema era que havíamos adquirido crenças errôneas sobre nossas muitas facetas e capacidades.

Ao longo da estrada, em nossa jornada do herói, aprendemos a importância de descobrir nosso sistema de crenças inconscientes. Aquilo em que acreditamos, a respeito de nós mesmos e da nossa vida, será nossa experiência, sejam essas crenças positivas ou negativas. Talvez achemos que conhecemos nossas crenças, mas, investigando mais de perto, descobrimos que a maioria das nossas crenças é inconsciente, e, pior ainda, negativa. Elas foram criadas há muito tempo, principalmente por meio do nosso condicionamento social: aquilo em que acreditamos sobre nós e sobre o mundo se baseia principalmente no que os outros expressam.

Temos crenças inconscientes sobre tudo na vida: autoaprovação, religião, educação, dinheiro, merecimento, política, trabalho, diversão etc. Some-se a isso um monte de programação negativa vinda da mídia, das redes sociais e muito mais. Sabendo disso, podemos entender por que tantas pessoas nem sequer gostam de si mesmas, muito menos se amam.

Com uma instrução simples, a bênção de um beijo na testa e o presente de sapatos protetores muito poderosos, partimos para descobrir e coletar nossos tesouros, nossos eus feridos, para devolvê-los ao seu lugar. Ao longo dessa jornada transformadora, juntamos conhecimento de muitas histórias. Ouvimos histórias sobre:

- um Espantalho sem cérebro
- um Homem de Lata sem sentimento
- um Leão covarde
- um cãozinho indeciso
- um Mágico sem poderes
- uma sombra aterrorizante
- uma persona em conflito (Dorothy)
- uma presença divina

Essas histórias pertencem a todos nós. Cada personagem representativo partilhou sua dor e tristeza intimamente conosco, para que pudéssemos encontrar nosso caminho para a cura.

Como vai você?

Depois que recebe orientações conflitantes do Espantalho, Dorothy diz:

– Não nos apresentamos adequadamente, não é?

– Ora, não – responde o Espantalho.

– Como vai você? – Dorothy pergunta.

– Como vai você? – diz o Espantalho, respondendo a pergunta com outra pergunta.

– Vou muito bem – Dorothy responde, com um amplo sorriso.

– Ah, eu não estou nada bem – admite o Espantalho, e passa a compartilhar sua história, de como sua vida é complicada sem um cérebro.

Ao encontrar o Homem de Lata, e após aplicar um pouco de óleo em suas juntas enferrujadas, Dorothy lhe diz:

– Bem, agora você está perfeito!

– Não, receio que não – lamenta o Homem de Lata, e, às lágrimas, conta sua história, de como é difícil viver a vida sem um coração.

De modo similar, o Leão revela sua triste história:

– Sim, é triste, minha querida, quando você nasce para ser maricas, sem brio nem verve... mas eu poderia ser o rei da selva se ao menos a ousadia eu tivesse.

Quando o Mágico é exposto pelo que é, um falsário, Dorothy o acusa de ser "um homem muito mau!". Há apenas dois momentos em que Dorothy faz um julgamento ferrenho de algum dos personagens que encontra. O primeiro é quando ela acusa a vizinha, a Srta. Gulch, de ser uma "bruxa velha e malvada", o que incita a viagem para Oz. O segundo é quando ela acusa o Mágico de ser "um homem muito mau!". Embaraçado, ele admite: "Ah, não, minha querida, eu sou um homem muito bom. Acontece que sou um péssimo mágico". Contudo, após fazer isso, e com seu disfarce arruinado, o Mágico precisa, agora, revelar-se como o bom homem que realmente é, e conceder os pedidos do grupo do seu jeitinho inocente. Dorothy consegue, agora, aceitá-lo pelo que ele deveria ser, um servo útil.

Lembra-se da primeira pergunta que Glinda faz a Dorothy quando chega a Oz? "Você é uma bruxa boa ou uma bruxa má?" Acho que podemos interpretar que isso significa "você é uma menina boa ou uma menina má?", uma pergunta que Dorothy ainda não está preparada para responder. Como órfã, talvez Dorothy ache que deve haver algo de muito errado com ela; afinal, até seus pais a abandonaram!

Então, no fim das contas, essa aventura nos ofereceu uma oportunidade de dar uma olhada melhor em nossa história sobre nós mesmos e nossas capacidades. Quando nos aprofundamos em nossa história, abrimos as portas para as crenças e os sentimentos escondidos.

Talvez tenhamos descoberto crenças sobre um coração que aprendeu a ter medo de amar; uma cabeça que está vazia e não "é inteligente com relação às coisas"; uma falta de coragem para nos mostrar ao mundo do jeito que somos, em vez de aparentarmos ser a pessoa que achamos que o mundo acha que deveríamos ser; medos limitantes de não sermos bons o bastante em comparação com os outros, para poder suprir nossas necessidades; e sobre o fato de que não conseguimos reconhecer a natureza divina do nosso ser.

O passado informa o presente

Uma clara compreensão e a aceitação dessa frase podem ser uma ajuda poderosa para nossa capacidade de sermos felizes, bem ajustados e bem-sucedidos. O método padrão usado para nos identificar com pessoas, locais, coisas e eventos que encontramos dia após dia é uma referência de nossas experiências passadas de algo similar. Pense em algo que você viu ou vivenciou e no qual simplesmente não podia acreditar, por mais que tentasse: "Não acredito nisso! Desculpe, mas não consigo acreditar nisso; nunca tinha visto nada igual!". O motivo para a descrença é que você não tem referência para categorizar essa experiência totalmente nova, nenhum jeito de se identificar com isso.

Quantas vezes você deixou as chaves do carro, ou alguma outra coisa, num lugar e voltou depois para pegar, apenas para descobrir que elas não estavam ali? "Hum, devo ter deixado em outro lugar", você pensa, e põe-se a procurar pela casa. Após algumas voltas, checando locais onde as chaves poderiam estar, incluindo o carro, você começa a entrar em pânico. "Onde diabos elas estão? Tenho certeza de que deixei no balcão!" Com sorte, no fim, alguém da família junta-se à busca e descobre que as chaves estavam onde você as havia deixado. Ou você relaxa e se permite estar presente no momento, e as chaves aparecem em um passe de mágica. Você se pergunta: "Como foi que não as vi? Tenho certeza de que olhei aqui umas duas ou três vezes".

Pense nisto: no instante em que você ia deixar as chaves, sua mente tirou uma foto do espaço vazio no balcão onde você pretendia deixá-las. Antes de sair de perto, você larga as chaves ali, sem checar para confirmar onde elas estão. Quando volta para reaver as chaves, você vê o balcão como a foto na sua mente, que você tirou antes. O passado informa o presente. Nas muitas vezes em que você checou o local, viu a imagem da sua mente, a foto de um balcão vazio, em vez de como ele realmente estava, com as chaves em cima.

História

Exploramos uma história de ficção, *O Mágico de Oz*. De seu modo charmoso, a história nos apresentou considerações importantes sobre como nos comportamos. Todos nós vivemos muitas histórias. Nossas histórias são muito similares às da maioria das pessoas. Todos temos histórias de amor e amores perdidos, histórias de medo e coragem, histórias de sabedoria e ignorância, histórias de rejeição e aceitação, e assim por diante. Há centenas delas que vivem no nosso inconsciente, com as quais nos identificamos. E destas, as que se destacam mais são as mais sombrias.

Ao longo de sua história interior, a jornada de Dorothy revela que a maioria das histórias dela se refere a não ser boa o bastante, de diversas maneiras. No fim da estrada de tijolos amarelos, as histórias dela são remediadas por meio de um batismo simbólico, quando a água remove o pecado, a vergonha e a culpa representados pela Bruxa Má. O batismo é basicamente perdão, e assim, quando Dorothy se batiza, inadvertidamente, é perdoada e libertada da crença de que é qualquer outra coisa senão perfeita, íntegra e completa – um ser divino. Dito de outro modo, poderíamos afirmar que, por meio do ato de se perdoar, ela abre os olhos para a autorrealização, o que finalmente responde àquela pergunta chata: quem sou eu? E a grande descoberta é perceber a certeza de que ela é, de fato, uma menina boa – uma filha sagrada de Deus.

Mas o que devemos fazer para alcançar o mesmo objetivo no mundo material das nossas histórias? De maneira nenhuma podemos simplesmente despejar um balde de água em qualquer maldade que tenhamos guardada nos recônditos sombrios da nossa psique.

Um estado de graça

A maioria das pessoas deve conhecer o hino *Amazing Grace*, escrito em 1772, por John Newton, um mercador de escravos inglês que virou pastor de igreja. Para encurtar a história, Newton estava num navio, sendo açoitado por uma tempestade, na costa da Irlanda. Parecia muito provável que a embarcação seria rasgada ao meio pela tormenta, e tudo estaria perdido. No desespero, Newton orou a Deus (lembra-se de Dorothy e seus amigos presos no campo de papoula, sem esperança de escapar?). Após a oração, a carga no porão passou milagrosamente para uma posição na qual bloqueou um buraco no casco, impedindo a água de entrar.

No fim, o navio vagou até a costa e foi salvo. A letra de *Amazing Grace* foi escrita para descrever a epifania de perdão que Newton sentiu quando foi inundado pela resposta para sua oração. Em um sentido cristão, a graça é a bênção do perdão de Deus. Em um sentido geral, a graça é uma *sensação* indescritível de amor arrebatada do interior, em geral por uma fonte externa. Exemplos disso seriam ficar arrepiado ou emocionado ao ver um belo nascer do sol, ou se apaixonar à primeira vista por alguém, um lugar ou algo. Então, se você puder acreditar que a graça ou a beleza são a presença de um senso palpável do amor universal, isso não é lá muito diferente de dizer que a graça ou a beleza são o amor em si.

Eu e minha esposa, Patricia, damos *workshops* e treinamentos num evento chamado *Cure sua vida* no mundo inteiro. Em um desses nossos *workshops*, conduzimos um exercício no qual tocamos uma música de Karen Drucker chamada *You are the face of God* ("Você é o rosto de Deus"). Começamos com os participantes de frente, um para o outro, mantendo um bom contato visual e de mãos dadas. Instruímos os participantes a ficarem em silêncio. A música começa, seguida pela letra:

"Você é o rosto de Deus.

Eu guardo você no meu coração,

você é uma parte de mim,

você é o rosto do amor."

Esses versos se repetem muitas vezes, lenta e gentilmente. Os participantes são instruídos a trocar de parceiro quando se sentem completos com cada um. A música toca por cerca de cinco minutos, e até quinze, se necessário.

Esse processo leva todos os participantes, homens e mulheres, às lágrimas. Eu nunca o vi falhar. As lágrimas são como rios de amor fluindo livremente, sem embaraço. O processo acaba evoluindo para um momento em que os participantes se abraçam demoradamente, amavelmente. O que faz dessa experiência algo tão poderoso é que ela leva os participantes a um estado de êxtase divino. Tendo se descoberto totalmente no outro, a ilusão de separação é desfeita – uma graça em sua forma mais pura. Abençoado seja.

A seguir, estou mostrando duas versões dos dois primeiros versos de *Amazing Grace* ("Maravilhosa graça"). A versão parafraseada mostra uma pequena mudança na letra, pois troquei a palavra "graça" pela palavra "amor". Convido-o a ler cada versão da perspectiva do seu coração, e a ver se percebe pelo menos um pequeno aprofundamento do amor que está sentindo na segunda versão, *Amazing love* ("Maravilhoso amor").

Maravilhosa graça	**Maravilhoso amor**
Maravilhosa graça Quão doce é o som Que salvou um miserável como eu Eu estive perdido Mas agora me encontrei Era cego, mas agora vejo.	Maravilhoso amor Quão doce é o som Que salvou um miserável como eu Eu estive perdido Mas agora me encontrei Era cego, mas agora vejo.
Foi a graça que ensinou Meu coração a temer E a graça aliviou meus medos Quão preciosa essa graça que apareceu no momento em que acreditei.	Foi o amor que ensinou Meu coração a temer E o amor aliviou meus medos Quão precioso esse amor que apareceu no momento em que acreditei.

A coragem de amar

Ao pedir ajuda sincera e fervorosamente, ela lhe será dada, em geral pela ocorrência de um milagre, algo que não pode ser explicado racionalmente. Com a nossa experiência na plantação de papoula, é uma tempestade de neve inesperada, fora da estação. Na minha versão de *Amazing Grace*, é o amor de Deus que nos encontra perdidos na escuridão dos nossos medos. "Foi o amor que ensinou meu coração a temer, e o amor aliviou meus medos." Muitas pessoas têm medo do amor! Isso porque não estão acostumadas com o conceito do amor incondicional, isto é, o amor oferecido sem a expectativa de retorno do investimento. O amor condicional é "vou amar você contanto que você me ame; vou amar você se você for o que eu espero de você; vou amar você se...".

O amor de Deus, ou amor divino, está sempre disponível para você aceitá-lo, de graça, sem pedir nada em troca. Quando descobrir o amor divino em seu interior, você vivenciará um momento de autopercepção que vai curar a cegueira e produzir uma visão clara de que o amor é a força vital de todas as coisas. "Quão precioso o amor que apareceu no momento em que acreditei." No momento em que você acreditou em quê? Acreditou na divindade da sua natureza. Acreditou no milagre que você é. Acreditou em suas capacidades, seus talentos e habilidades únicos. Acreditou que pode se amar e se aceitar exatamente como é. Mais uma vez, lembrarei a você que aquilo em que você acredita sincera e fervorosamente define como será sua experiência de vida.

Céu e inferno

O céu é deixar de ser refém das suas histórias após chegar ao entendimento e à crença verdadeira de que você não é suas histórias. Céu é abrir o coração para criar novas histórias – histórias de amor e compaixão por si mesmo, sua família, sua comunidade, a humanidade, a própria Mãe Terra, e pelo amor à vida.

O inferno é ser prisioneiro das narrativas das suas histórias, o que vai levá-lo a reviver constantemente essas histórias antigas.

A Nova Terra

Em todo o mundo, inúmeras histórias datam dos tempos antigos. Muitas dessas histórias ensinam uma sabedoria rica, e são boas. Outras, no entanto, criaram sistemas de crença enraizados e conflitantes que chegaram ao ponto em que ameaçam a vida na Terra, e o próprio planeta também. Uma história é uma estrutura, e todas as estruturas são criadas a partir de uma história. Estruturas – sejam elas um lar para uma família, um edifício para escritórios, estruturas educacionais, políticas, sociais, econômicas e religiosas – são pensadas e construídas, originalmente, para beneficiar aqueles que são trazidos para o seu abrigo, como é o caso das histórias de sabedoria. Com o tempo, no entanto, muitas dessas histórias de sabedoria original foram corrompidas por conflitos e incompatibilidades de ideais. Muitas estruturas de história, em todo o mundo, evoluíram para um ponto em que apoiam apenas uns poucos, em detrimento de muitos.

Todo ser vivo, planta, animal, mineral (e considero nossa Mãe Terra o maior dos minerais, a mais significativa joia no cosmo conhecido) está implorando pelo fim dessas estruturas antigas, para que a Nova Terra possa emergir. Os seres humanos, em particular, estão sofrendo sob o peso de histórias obsoletas e problemáticas. Do fundo do coração, pedimos ajuda, e a ajuda está a caminho por meio do amor que nasce do sofrimento por tanta dor e medo. O fim inevitável dessas estruturas e histórias antigas muito provavelmente produzirá um caos tremendo. Como vamos lidar com isso?

O amor cura

"Foi o amor que ensinou meu coração a temer, e o amor aliviou meus medos. Quão precioso o amor que apareceu no momento em que acreditei." Quem você acha que você é? E por que acha que está aqui, neste momento sem precedentes da história? Acredito que você e eu, e nossos vizinhos em todo o planeta, somos amor, e estamos aqui a serviço do amor. A única coisa que tem o poder de curar verdadeiramente é o amor. Seguem mais alguns versos de *Amazing Grace* que talvez ofereçam encorajamento. Troquei a palavra original "graça" para a palavra "amor", e passei da referência no singular para o coletivo:

"Por muitos perigos, problemas e armadilhas.
Nós já viemos;
Foi o amor que nos manteve a salvo até aqui,
E o amor nos levará para casa."

O Espantalho diz a Glinda:

– Se ela podia ter ido para casa a qualquer momento, por que você não lhe disse isso?

– Ela não teria acreditado. Ela tinha de aprender por conta própria – responde Glinda. – O que você aprendeu, Dorothy?

– Se algum dia eu for de novo procurar o que deseja meu coração, não vou procurar além do meu quintal – Dorothy responde, pensativa.

– Isso mesmo, querida – diz Glinda. – Agora, bata os sapatinhos um no outro três vezes e diga: "Não há lugar como o nosso lar...".

O lar é onde mora o coração, e o coração é o lar do amor. Bem-vindo ao lar, meu caro viajante, bem-vindo ao lar.

Foi um prazer imenso fazer essa jornada do herói com você, meu caro leitor. Acredito que ficaremos sempre juntos, no coração. Neste ponto, nossa estrada de tijolos amarelos é como uma grande roda com muitos raios que partem do centro para a borda. Cada um deles é como um raio de amor que se transmite do centro. Todos nós projetamos um raio individual, estendendo o amor do nosso jeito único, sempre conectados ao centro. Se em alguma roda estiver faltando um raio que seja, ela ficará desequilibrada, então, para completar essa jornada em segurança, todos devemos estar presentes e ativos; essa grande roda é o amor que nos leva para casa.

Deixarei você com estas palavras eternas do épico poema de T. S. Eliot "Little Gidding":

"Não cessaremos nunca de explorar
E o fim de toda exploração
Será chegar ao ponto de partida
E o lugar reconhecer ainda..."

"... E tudo ficará bem e
todo tipo de coisa ficará bem."

Fique bem, seja feliz, fique em paz, e que todas as suas histórias tenham finais felizes.

Abençoado seja, eu amo você.

CITADEL
Grupo Editorial
Livros para mudar o mundo. O seu mundo.

Para conhecer os nossos próximos lançamentos
e títulos disponíveis, acesse:

www.**citadel**.com.br

/**citadeleditora**

@**citadeleditora**

@**citadeleditora**

Citadel – Grupo Editorial

Para mais informações ou dúvidas sobre a obra,
entre em contato conosco por e-mail:

contato@**citadel**.com.br